Starks-Sture
VERLAG

Partnerbeziehung als Brutstätte von Borderline
Sonja Szomoru
ISBN 978-3-9809-4960-6
3. überarbeitete Auflage

Dom-Pedro-Straße 9
80637 München
www.starks-sture-verlag.de

Druck: Advantage Printpool, Seefeld
Lektorat: Wilhelm Zötl

Dieses Buch widme ich

meiner Tochter, die unter meiner Beziehung zu einer Borderline-Persönlichkeit am meisten gelitten hat

dem Vater meiner Tochter, der mir mit großem Einfühlungsvermögen immer wieder sanft die Augen öffnete

Tino, der in der dunkelsten Zeit an meiner Seite stand

Partnerbeziehung als Brutstätte von Borderline

- Die Borderline-Persönlichkeit
und das Leid ihrer Helfershelfer -

Sonja Szomoru

Partnerbeziehung als Brutstätte von Borderline

Der Panther

Sein Blick ist vom Vorübergehn der Stäbe,
so müd' geworden, das er nichts mehr hält,
ihm ist, als ob es tausend Stäbe gäbe,
und hinter tausend Stäben keine Welt.

Sein weicher Gang, geschmeidig starker Schritte,
der sich im allerkleinsten Kreise dreht,
ist wie ein Tanz, von Kraft, um eine Mitte,
in der betäubt ein großer Wille steht.

Nur manchmal schiebt der Vorhang der Pupille,
sich lautlos auf. Dann geht ein Bild hinein,
geht durch der Glieder angespannte Stille
und hört im Herzen auf zu sein.

(Rainer-Maria Rilke)

Vorwort

Dieses Buch ist an diejenigen gerichtet, die sich in einer unbefriedigenden Partnerbeziehung zu einem Menschen mit der Borderline-Persönlichkeitsstörung befinden, an diejenigen, die vorhaben sich zu trennen und an Partner, welche die Trennung hinter sich haben. Es soll helfen, diese für beide Seiten äußerst schwierige psychische Störung mehr zu verstehen und vor allem die Intention des Verhaltens der Partner beleuchten und aufzeigen, was diese zu der Störung mit beitragen.

Es sei ausdrücklich darauf hingewiesen, dass hier in keiner Weise Menschen mit dieser Persönlichkeitsstörung herabgesetzt und vor allem entmutigt werden sollen, weiter an einer Gesundung zu arbeiten. Menschen mit der Borderline-Persönlichkeitsstörung sind selbst großem Leid ausgesetzt und verdienen wie andere Menschen auch eine respekt- und würdevolle Behandlung. Dies besonders, wenn sie sich bereits der Hürde einer Therapie gestellt haben.

Nicht geeignet ist dieses Buch für Menschen mit der Borderline-Störung, die noch mit ihrem krankheitsbedingten Gefühl behaftet sind, sich selbst für einen unzumutbaren Menschen zu halten. Oberflächlich betrachtet, könnte dieser Eindruck entstehen. Aber hier wird hauptsächlich auf die Problematik von Partnern der Borderline-Persönlichkeit eingegangen, also die Angelegenheit wird aus dessen Blickwinkel betrachtet und deshalb ist es unumgänglich,

Pathologisierung außer Acht zu lassen. Dass es in der Welt Borderline ganz anders aussieht, soll nicht bestritten werden, ganz im Gegenteil, aber dafür gibt es eine eigene Literatur.

Die Autorin selbst ist eine betroffene Partnerin. Sie schöpft den Erfahrungswert aus Gesprächen mit Menschen, die an der BPS leiden und deren Angehörigen, aus einschlägiger Literatur sowie aus der intensiven Teilnahme an aktiven Internet-Foren für Borderline-Angehörige. Dieses Buch ist dazu gedacht, Anregungen für die Partner von Menschen mit der BPS zu geben und ersetzt keinen fachlichen medizinischen Rat. Es soll auch nicht dazu verleiten, vorschnell eine hausgemachte Diagnose zu stellen, denn die Borderline-Persönlichkeitsstörung ist sehr facettenreich und in ihrer Ausprägung recht unterschiedlich.

Das Buch ist in vier Teile gegliedert. Im ersten wird die Krankheit Borderline im Allgemeinen erklärt. Im zweiten Teil geht es um die Partner und deren Motive, sich in eine Beziehung zu einem Menschen mit der Borderline-Persönlichkeitsstörung zu begeben.

Es werden Empfehlungen angeboten, die den Zweck der Wieder-Selbstfindung und Klarheit über die Beziehung und sich selbst verfolgen. Im dritten Teil werden Hilfestellungen angeboten für Partner, die sich dazu entschlossen haben, die Beziehung zu beenden und im vierten Teil sind Fallbeispiele von Partnern von Borderline-Persönlichkeiten.

I Die Borderline-Persönlichkeitsstörung (BPS)

Die vorhandenen Statistiken über Borderline-Erkrankungen schwanken stark. Das liegt zum einen daran, dass die Diagnostik uneinheitlich ist und zum anderen, dass die meisten Borderline-Persönlichkeiten keine fachliche Hilfe in Anspruch nehmen. Aber das Gros der vorliegenden wissenschaftlichen Zahlen liegt bei etwa 2% der Gesamtbevölkerung, allerdings sind auch Zahlen bis zu 15% zu finden.

Genauso ungenau verhält es sich bei den Patienten, die sich in psychiatrische Behandlung begeben: Hier bewegen sich die Zahlen der Patienten mit BPS von 8 bis 40 %.

Bis zu einem Zehntel der Erkrankten, die stationär behandelt werden, beenden ihr Leben durch Suizid, bei Jugendlichen bzw. bei Menschen zwischen dem 20. und 29. Lebensjahr soll diese Zahl noch höher sein. 100% der Borderline-Persönlichkeiten mit depressiver Symptomatik begehen Suizidversuche.

Die Hauptbetroffenen sollen zu 70% Frauen sein. Gegen diese hohe Zahl spricht jedoch, dass Frauen grundsätzlich therapiewilliger sind, also auch statistisch erfasst werden können. Außerdem werden Männer mit Identitätsproblemen für „normaler" gehalten. Ebenso ist bei männlichen Borderline-Persönlichkeiten häufiger aggressives, antisoziales Verhalten anzutreffen, das in vielen Fällen zur

Kriminalisierung führt und deshalb ihre Störung nie diagnostiziert wird.

Weitere Zahlen: 47% Therapieabbrüche, 20% Zwangseinweisungen, die Durchschnittsdauer vom ersten Kontakt Therapeut/Psychiater bis zur Diagnosestellung beträgt etwa 6,5 Jahre, 81-100% affektive Erkrankungen, 24-81% Angsterkrankungen, 21-67% Substanzmissbrauch, 14% Essstörungen, wesentlich erhöhte Zahl von Alkohol-/Drogenproblemen, sexuelle Probleme, häufiger körperliche Behinderung. Mehr stürmische Beziehungen und mehr Arbeitsplatzprobleme als die Gesamtbevölkerung. Etwa ein Viertel der Kosten für stationäre Behandlung psychischer Erkrankungen wird in Deutschland für Borderline-Patienten aufgewendet.

In den 80er Jahren wurde das Thema Borderline stark überzogen dargestellt und noch aus dieser Zeit stammt die Ansicht, es gäbe diese Krankheit überhaupt nicht und/oder es würde sich hierbei in der Mehrzahl um Verlegenheitsdiagnosen handeln. Ein Drittel der psychologischen Fachwelt zweifelt diese Persönlichkeitsstörung gänzlich an.

Da die Diagnose nicht einfach zu stellen ist, weil es sich hier um eine sehr komplexe Persönlichkeitsstörung handelt, werden Laien schnell dazu verleitet, jemanden, der sich nicht „normal“ verhält, der außerhalb der Norm ein manisches, gewissenloses, aggressives oder autoaggressives Verhalten zeigt, als Borderliner abzustempeln.

Die Borderline-Symptomatik an sich kann auch als Auswirkung der heutigen gesellschaftlichen Verhältnisse gesehen werden. Durch vermehrt instabile und/oder karrieregeprägte Familien, in denen es wenig Sicherheit, Grenzen, Geborgenheit aber viel Grund für Ängste gibt, insbesondere Verlustängste und/oder emotionalen Terror, lernt ein Kind nie, sich dauerhaft geborgen und angenommen zu fühlen und vor allem seine Bedürfnisse besser zu spüren.

Auffällig ist, dass Kinder aus solchen Familien zwar schon früh emotional reif und abgeklärt wirken, aber häufig auf emotionalen Stress entweder deutlich überzeichnet und unkontrolliert oder gefühlskalt und scheinbar kaum berührt reagieren, also schon früh eine gewisse BPS-Symptomatik zeigen. Gelingt es diesen Kindern nicht von selbst, ihre Bedürfnisse besser spüren zu lernen, tragen sie später die Borderline-Grundsymptomatik mit sich herum und hieraus kann sich eine ernsthafte Störung entwickeln.

Zur Geschichte der BPS

Bereits 1925 beschrieb Wilhelm Reich die Spaltungsmechanismen des „impulsiven Charakters“ und setzte damit den Grundstein für alle nachfolgenden Theorien über das Borderline-Syndrom. Der Begriff Borderline entstand 1938, als Adolph Stern eine

Patientengruppe beschrieb, die diagnostisch weder in die Klassifikation der Neurose noch der Psychose passte. Obwohl es bei der Störungsbenennung nicht beabsichtigt war, trifft der Begriff Borderline jedoch genau das Krankheitsmuster, nämlich Grenzüberschreitung in jeglicher Hinsicht. 1953 erkannte Robert Knight, dass trotz unterschiedlicher Symptome eine Patientengruppe eine gemeinsame Pathologie aufwies und prägte damit den Begriff Borderline neu. 1967 stellte Otto Kernberg sein „Konzept der Borderline-Persönlichkeitsorganisation" vor.

In der weiteren Entwicklung wurden weitere Untertypen der BPS klassifiziert und 1980 letztendlich die Definition von John Gunderson der beobachtbaren Kriterien in den DSM III (DSM: „Diagnostic and Statistical Manual" der American Psychiatric Association) übernommen.

Die Kriterien wurden 1994 im DSM IV verändert. Des Weiteren gibt es die ICD, eine Klassifikation der Weltgesundheitsorganisation für psychologische und psychoanalytische Diagnostik. Im Folgenden sollen diese vier Klassifikationsarten vorgestellt werden.

<u>Kriterienkatalog des DSM III von 1980, 5 Symptome müssen zutreffen, um auf eine BPS hinzuweisen</u>

(1) Impulsivität oder Unberechenbarkeit in mindestens zwei Bereichen, die potentiell selbstschädigend sind, z. B. Verschwendung, Sexualität, Glücksspiel, Gebrauch

psychotroper Substanzen, Ladendiebstahl, zu viel essen, Selbstbeschädigungshandlungen

(2) ein Muster von instabilen, aber intensiven zwischenmenschlichen Beziehungen, z. B. ausgeprägte Sprünge in den Einstellungen, Idealisierung, Abwertung, Manipulation (durchgängig andere Menschen für die eigenen Ziele benutzen)

(3) unangemessener, heftiger Zorn oder unzureichende Kontrolle über den Zorn, z. B. häufiges Zeigen von Gereiztheit, dauerndes Zornigsein

(4) Identitätsunsicherheit, die sich in Schwierigkeiten in verschiedenen Bereichen, die mit der Identität zusammenhängen, äußert, etwa im Selbstbild, in der Geschlechtszugehörigkeit, hinsichtlich langfristiger Ziele, der Berufswahl, Freundschaftsbeziehungen sowie Werten und Loyalität, z. B. "Wer bin ich?", "Ich komme mir vor wie meine Schwester, wenn ich gut bin“

(5) affektive Instabilität: deutliches Schwanken von normaler Stimmung zu Depression, Reizbarkeit oder Ängstlichkeit, die gewöhnlich einige Stunden und nur selten länger als einige Tage andauern, mit Rückkehr zu normaler Stimmung

(6) Alleinsein wird schwer ertragen, es gibt z. B. heftige Bemühungen, Alleinsein zu vermeiden, niedergeschlagen, wenn alleine

(7) körperliche Selbstbeschädigungshandlungen, z. B. suizidale Gesten, Selbstverstümmelungen, wiederholte Unfälle oder Schlägereien

(8) chronische Gefühle von Leere oder Langeweile

(Bei einem Alter unter 18 Jahren dürfen die Kriterien der Identitätsstörung nicht erfüllt sein)

Kriterienkatalog des DSM IV von 1994, 5 Symptome müssen zutreffen, um auf eine BPS hinzuweisen

(1) verzweifeltes Bemühen, tatsächliches oder vermutetes Verlassenwerden zu vermeiden. **Beachte**: Hier werden keine suizidalen oder selbstverletzenden Handlungen berücksichtigt, die in Kriterium 5 enthalten sind.

(2) Ein Muster instabiler, aber intensiver zwischenmenschlicher Beziehungen, das durch einen Wechsel zwischen den Extremen der Idealisierung und Entwertung gekennzeichnet ist

(3) Identitätsstörung: ausgeprägte und andauernde Instabilität des Selbstbildes oder der Selbstwahrnehmung

(4) Impulsivität in mindestens zwei potentiell selbstschädigenden Bereichen (Geldausgaben, Sexualität, Substanzmissbrauch, rücksichtsloses Fahren, "Fressanfälle"). **Beachte**: Hier werden keine suizidalen oder

selbstverletzenden Handlungen berücksichtigt, die in Kriterium 5 enthalten sind.

(5) Wiederholte suizidale Handlungen, Selbstmordandeutungen oder -drohungen sowie Selbstverletzungsverhalten

(6) Affektive Instabilität infolge einer ausgeprägten Reaktivität der Stimmung (z. B. hochgradige episodische Dysphorie, Reizbarkeit oder Angst, wobei diese Verstimmungen gewöhnlich einige Stunden und nur selten mehr als einige Tage andauern)

(7) Chronische Gefühle von Leere

(8) Unangemessene, heftige Wut oder Schwierigkeiten, die Wut zu kontrollieren (z. B. häufige Wutausbrüche, andauernde Wut, wiederholte körperliche Auseinandersetzungen)

(9) Vorübergehende, durch Belastungen ausgelöste paranoide Vorstellungen oder schwere dissoziative Symptome

DSM-Kritik: a) Die Kriterien 1, 3, 5, 7, 9 können auch bei ausschließlich Depressiven erfüllt werden. b) Die Kriterien 1-3 und 5-9 können auch bei Schizophrenien auftreten. c) Die Kriterien 1-9 können auch in schizoaffektiven Psychosen, bei schizoiden Persönlichkeitsstörungen, bei narzisstischen Persönlichkeitsstörungen oder auch bei paranoiden Persönlichkeitsstörungen auftreten.

Außerdem ergäbe rein rechnerisch bei DSM III 56 Typen und DSM IV 126 Typen der Borderline-Persönlichkeitsstörung.

Kriterienkatalog nach ICD 10

F60.3 – Emotional instabile Persönlichkeitsstörung

Eine Persönlichkeitsstörung mit deutlicher Tendenz, Impulse ohne Berücksichtigung von Konsequenzen auszuagieren, verbunden mit unvorhersehbarer und launenhafter Stimmung. Es besteht eine Neigung zu emotionalen Ausbrüchen und eine Unfähigkeit, impulshaftes Verhalten zu kontrollieren. Ferner besteht eine Tendenz zu streitsüchtigem Verhalten und zu Konflikten mit anderen, insbesondere wenn impulsive Handlungen durchkreuzt oder behindert werden. Zwei Erscheinungsformen können unterschieden werden:

Ein impulsiver Typus, vorwiegend gekennzeichnet durch emotionale Instabilität und mangelnde Impulskontrolle und ein Borderline-Typus, zusätzlich gekennzeichnet durch Störungen des Selbstbildes, der Ziele und der inneren Präferenzen. Dieser Typus leidet unter einem chronischen Gefühl von Leere, hat intensive aber unbeständige Beziehungen und eine Neigung zu selbstdestruktivem Verhalten mit parasuizidalen Handlungen und Suizidversuchen. Man unterscheidet hierbei in 2 Gruppen:

F60.30 impulsiver Typus

Die wesentlichen Charakterzüge sind emotionale Instabilität und mangelnde Impulskontrolle. Ausbrüche von gewalttätigem und bedrohlichem Verhalten sind häufig, vor allem bei Kritik durch andere.

Mindestens drei der folgenden Eigenschaften oder Verhaltensweisen müssen vorliegen, darunter muss Punkt 2 erfüllt sein:

- deutliche Tendenz unerwartet und ohne Berücksichtigung der Konsequenzen zu handeln

- deutliche Tendenz zu Streitereien und Konflikten mit anderen, vor allem dann, wenn impulsive Handlungen unterbunden oder getadelt werden

- Neigung zu Ausbrüchen von Wut oder Gewalt mit Unfähigkeit zur Kontrolle explosiven Verhaltens

- Schwierigkeiten in der Beibehaltung von Handlungen, die nicht unmittelbar belohnt werden

- Unbeständige und unberechenbare Stimmung

F60.31 Borderline-Typus

Einige Kennzeichen emotionaler Instabilität sind vorhanden, zusätzlich sind oft das eigene Selbstbild, Ziele und „innere Präferenzen" (einschließlich der sexuellen) unklar und gestört. Meist besteht ein chronisches Gefühl innerer Leere.

Die Neigung zu intensiven, aber unbeständigen Beziehungen kann zu wiederholten emotionalen Krisen führen mit übermäßigen Anstrengungen, nicht verlassen zu werden, und mit Suiziddrohungen oder selbstschädigenden Handlungen (diese können auch ohne deutliche Auslöser vorkommen).

Mindestens drei der vorher unter F60.30 erwähnten Kriterien müssen vorliegen und zusätzlich mindestens zwei der folgenden Eigenschaften und Verhaltensweisen:

- Störungen und Unsicherheit bezüglich Selbstbild, Zielen und „inneren Präferenzen" (einschließlich sexueller)

- Neigung, sich in intensive, aber instabile Beziehungen einzulassen, oft mit der Folge von emotionalen Krisen

- Übertriebene Bemühungen, Verlassenwerden zu vermeiden

- Wiederholt Drohungen oder Handlungen mit Selbstbeschädigung

- Anhaltende Gefühle von Leere

Borderline-Persönlichkeitsorganisation

Dieses Konzept von Otto Kernberg widmet mehr Aufmerksamkeit den Ursachen von BPS und ist im Folgenden auszugsweise aus dem Buch „Ich hasse dich - verlass mich nicht“ von Jerold J. Kreisman und Hal Straus zitiert:

„Wechselndes Realitätsgefühl: Wie Neurotiker sind Borderline-Patienten die meiste Zeit über in Kontakt mit der Realität; unter Stress kann sich der Betroffene in einen kurzen psychotischen Zustand zurückentwickeln.

Nichtspezifische Funktionsschwächen: Borderline-Persönlichkeiten haben große Schwierigkeiten, Frustrationen zu tolerieren und mit Angst zurechtzukommen. In Kernbergs System ist impulsives Verhalten der Versuch, diese Spannung zu zerstreuen.

Die Betroffenen haben außerdem defekte Mechanismen für die Sublimation, das heißt, sie sind nicht in der Lage, Frustrationen und Unbehagen auf sozial anpassungsfähige Art zu kanalisieren.

Obwohl die Borderline-Persönlichkeit starkes Mitgefühl, Wärme und Schuldgefühle zeigen kann, sind diese Zurschaustellungen oft mechanische, eher manipulierende Gesten, die nur vorgetäuscht werden und nicht der wahre Ausdruck von Gefühlen. Tatsächlich kann die Borderline-Persönlichkeit sich so verhalten, als ob sie einen dramatischen Ausbruch, der Augenblicke vorher stattgefunden hat, völlig vergessen hat, ähnlich wie ein Kind, das nach einem Trotzanfall plötzlich wieder lacht.

Primitives Denken: Borderline-Persönlichkeiten können an einem strukturierten Arbeitsplatz gut ihre Pflichten erfüllen, aber unter der Oberfläche bestehen schwere Selbstzweifel, Argwohn und Ängste weiter fort. Die inneren Denkprozesse dieser Menschen können überraschend einfach und ursprünglich sein, verborgen hinter einer stabilen Fassade von erlernten und eingeübten Gemeinplätzen. Jeder Umstand, der die schützende Struktur des Betroffenen durchbricht, kann eine Flut chaotischer Leidenschaften, die im Inneren versteckt sind, freisetzen. Psychologische Projektionstests offenbaren ebenfalls die primitiven Gedankenprozesse von Borderline-Persönlichkeiten.

Diese Tests – etwa der Rorschach-Test und der thematische Apperzeptionstest (TAT) – locken Assoziationen auf zweideutige Reize hervor, beispielsweise auf Klecksbilder oder Bilder, um die herum der Patient eine Geschichte erfinden soll. Borderline-Reaktionen ähneln typischerweise den Reaktionen von Schizophrenen und anderen psychotischen Patienten. Anders als die kohärenten, organisierten Reaktionen, die man normalerweise bei neurotischen Patienten beobachtet, beschreiben Borderline-Persönlichkeiten oft bizarre, primitive Bilder – der Betroffene sieht möglicherweise wilde Tiere, die einander auffressen, während der Neurotiker einen Schmetterling sieht.

Primitive Abwehrmechanismen: Durch den Spaltungsmechanismus nimmt die Borderline-Persönlichkeit eine Welt von Extremen wahr – eine Sichtweise, in der Menschen und Objekte entweder gut oder schlecht sind, freundlich oder feindlich, geliebt oder gehasst - um der Angst zu entgehen. In Kernbergs Konzept führt die Spaltung oft zum „magischen Denken“: Aberglaube, Phobien, Obsessionen und zwanghaftes Verhalten werden als Talisman eingesetzt, um unbewusste Ängste abzuwehren. Die Spaltung führt auch zu sekundären Abwehrmechanismen:

- Primitive Idealisierung – ein Mensch oder Objekt wird in eine „gute“ Kategorie platziert, um die Angst zu vermeiden, die das Erkennen von Fehlern in diesem Menschen begleitet

- Abwertung – die unerbittliche negative Sichtweise eines Menschen oder eines Objektes, das Gegenteil von der Idealisierung. Mit diesem Mechanismus vermeidet die Borderline-Persönlichkeit

Schuldgefühle durch ihren Zorn – der „böse“ Mensch verdient ihn voll und ganz

- Omnipotenz – das Gefühl von grenzenloser Macht. Der Betroffene meint, nicht versagen zu können. Bisweilen meint er sogar, nicht sterben zu müssen (Omnipotenz ist auch ein häufiger Zug in der narzisstischen Persönlichkeit)

- Projektion – bestimmte Züge werden als unakzeptabel für das Ich verleugnet und anderen zugesprochen

- Projizierende Identifikation – eine komplexe Form der Projektion, in der der Projizierende eine bestehende, manipulierende Verwicklung mit einem anderen Menschen, der das Objekt der Projektion ist, fortsetzt. Der andere „trägt“ diese unannehmbaren Charakteristika für den Projizierenden, der wiederum daran arbeitet, sie weiter fortbestehen zu lassen

Pathologische Selbstauffassung: Die „Identitätsdiffusion“ beschreibt Kernbergs Konzept des fehlenden Kernidentitätsgefühls bei der BPS. Die Identität von Borderline-Persönlichkeiten hat etwa die Konsistenz von Wackelpudding: Sie kann in jede beliebige Form gebracht werden, aber sie rinnt durch die Finger, wenn man versucht, sie festzuhalten. Dieses Fehlen von Substanz führt direkt zu den Identitätsstörungen, die im Kriterium 6 der DSM-III-Beschreibung von Borderline-Persönlichkeitsstörungen zu lesen sind.“

Symptome der BPS

Angst (Verlassenheits-, Trennungs-, Vernichtungsangst), autoaggressives Verhalten, Depersonalisations- und Derealisationsgefühle, Depressionen, Suchtverhalten, delinquentes Sozialverhalten, extreme Idealisierung oder Entwertung, Essstörungen, Gefühlsstörungen, Hysterien, Identitätsdiffusion, innere Leere, impulsive Reaktionsweisen, Impulskontrollverlust, Kontaktvermeidung – plötzliche Kontaktabbrüche, polimorphe Sexualität, Präventivangriffe, psychosomatische Symptome, Realitätsverlust, Rituale und Zwänge, Schwarz-Weiß-Denken, starkes Kontrollbedürfnis über andere Menschen, Suizidalität, Zwangssymptome (überwertige Ideen). Störung des Selbstbildes, Unfähigkeit sich in Beziehungen mit anderen einordnen, sei es als liebenswert oder verachtungswürdig, verkürzte REM-Latenz.

Erläuterungen zu den Kriterien der BPS

1. Impulsivität und Unberechenbarkeit
Das Leben als Achterbahn. Die extremen Highs und Downs von Borderline-Persönlichkeiten können Stunden, seltener

länger als einige Tage anhalten. Es ist nicht möglich, Emotionen zu kontrollieren. Neben euphorischen Gefühlen reichen sie von panischer Angst, archaischer Wut bis zur Lust am Zerstören. Das Verhalten kann von klammernder Abhängigkeit zu zorniger Manipulation, von Dankbarkeitsergüssen zu irrationalem Hass wechseln.

Die Grundstimmung ist eher pessimistisch und Depressionen nicht selten. Dies wird jedoch nicht unbedingt ehrlich nach außen gezeigt. Das Verhalten kann sich durch die mangelnde Impulskontrolle plötzlich ändern und widersprüchlich sein, da es aus den momentanen wechselnden Gefühlen entsteht. Es geht nur um den Augenblick, das Erleben im Jetzt.

Mäßigung ist eine verhängnisvolle Sache, denn nichts ist so erfolgreich wie der Exzess.
(Oscar Wilde)

Der Durchbruch übermäßiger Wut beispielsweise steht oft in keinem Verhältnis zu den Frustrationen, die sie auslösen und richtet sich besonders gegen nahe stehende Personen, wie Partner, Eltern, Kinder. Exzessives Verhalten liegt oft vor und kann sich in den Bereichen Sexualverhalten, Geldausgeben, Substanzmissbrauch, rücksichtsloses Fahren und durch ausgeprägte Essstörungen zeigen.

Aufgrund der fehlenden Impulskontrolle sind auch die Schwierigkeiten der Beibehaltung von Handlungen, die nicht unmittelbar belohnt werden, erklärbar, da hier sofort das Gefühl von Frustration entsteht. Auch übermäßige Scham- und Schuldgefühle können hier auftreten.

2. Intensive zwischenmenschliche Beziehungen

> *Ich empfinde, also bin ich*
> (Descartes)

Das Leben ist geprägt von unangemessen intensiven, häufig wechselnden Beziehungen. Bis auf einige Ausnahmen, in denen Beziehungen mehr als 2 Jahre dauern, beträgt die Dauer zwischen 5 und 20 Monaten und wird häufig von mehreren Trennungen begleitet.

Durch chronische Gefühle von Leere und Langeweile werden schnell Beziehungen eingegangen, das Alleinsein scheint unerträglich, bewusste Partnerwahl findet nicht statt. Häufig werden vorschnell Ehen eingegangen oder es erfolgt ein schnelles Zusammenziehen in eine gemeinsame Wohnung, meist durch Einzug beim Partner. Durchaus nicht selten ist eine Trennung seitens des Partners der Borderline-Persönlichkeit aus „heiterem Himmel". Auslöser dafür kann ein völlig unangemessener Grund sein, dahinter steckt die maßlose Angst vor zuviel Nähe.
Die Beziehungen zeichnen sich dadurch aus, dass der Beziehungspartner durch extreme Verschiebungen der Einschätzung zwischen Abwertung und Idealisierung

schwankt. Dies ergibt sich aus der bei der Borderline-Persönlichkeit fehlenden „Objektkonstanz“, das heißt, es fehlt die Fähigkeit, andere Menschen als komplexe Menschen wahrzunehmen. Die Mitmenschen können einmal als wohltätig unterstützend und einmal als grausam bestrafend erlebt werden.

Kennzeichnend ist auch, dass sich die Borderline-Persönlichkeit in einer eben begonnenen Beziehung scheinbar vollkommen aufgibt und es sieht so aus, als würde sie nur noch für ihren neuen Partner leben.

3. Idealisierung/Abwertung, Schwarz/Weiß-Denken

Borderline-Persönlichkeiten entwickeln eine große Abhängigkeit zum Partner, der solange idealisiert wird, solange die Bedürfnisse der Borderline-Persönlichkeit befriedigt werden. Erfolgt eine Zurückweisung oder Enttäuschung, verfällt er in das andere Extrem und wertet den Partner unnachgiebig ab. Es kann zu eskalierenden „Szenen“ kommen oder zu starken Gefühlen der Hilflosigkeit bis hin zu Selbstverletzung oder gar Suiziddrohungen bzw. -versuchen.

Genauso verhält es sich mit dem Schwarz/Weiß-Denken. Die ganze Welt wird in Gut oder Böse eingeteilt. Graue Zwischentöne können nicht gesehen werden. Wobei auch dieses Gefühl nicht konstant ist. Was heute noch gut bzw.

böse war, kann morgen genau anders herum bewertet werden.

> *Idealzustände können nicht länger dauern als 3 mal 24 Stunden*
> (Theodor Fontane)

In der Idealisierungsphase zeichnen sich Borderline-Persönlichkeiten oft durch unglaublichen Charme und Esprit aus, können jeden Wunsch von den Augen des Partners ablesen und auch erfüllen. In der Abwertungsphase ist der Partner „der letzte Dreck" und auch hier scheint es, dass die Borderline-Persönlichkeit einen 7. Sinn in Punkto wunder Punkte beim Partner besitzt. Bestenfalls wird die Borderline-Persönlichkeit plötzlich „eiskalt".

Auch das eigene Selbstbild ist geprägt von Extremen: manchmal hält sie sich für den größten, klügsten, tollsten Menschen und eine Minute später sieht sie sich selbst als den letzten Dreck. Den Grund für dieses Verhalten nennt man Spaltung. Das bedeutet, dass eine Umgebung so widersprüchlich ist, dass einfach ein Teil davon komplett ausgeblendet bzw. verleugnet wird, um an den Widersprüchlichkeiten nicht verrückt zu werden. Normale Menschen sind ambivalent, das heißt, sie können zwei sich widersprechende Gefühlzustände auf einmal erfahren. Borderline-Persönlichkeiten kennen nur Entweder/Oder, wobei sie in diesem Moment den anderen Gefühlszustand völlig vergessen.

Erfährt beispielsweise ein Kind von einer Person, die ihm ansonsten Nähe und Geborgenheit geben soll, sexuelle Gewalt oder Gewalt in anderer Form, so erlebt das Kind seine Umgebung als unerträglich widersprüchlich und es blendet die eine oder andere Seite vollkommen aus. Später als Erwachsener, behält er dieses Beziehungsschema auch in anderen Beziehungen bei, weil die Erfahrung gemacht wurde, dass nur so ein Überleben möglich ist.

Aufgrund dieses Hintergrunds ist auch das zwanghaft manipulierende Verhalten gegenüber anderen Menschen zu verstehen. Die Spaltung ist ähnlich der Dissoziation, in der durch traumatische Hintergründe ein durch Trigger hervorgerufener Überlebensmechanismus ausgelöst wird (häufig Angst vor Verlassenwerden), um mit unerträglichen Gefühlen wie Schmerz oder Todesangst umzugehen. Von Betroffenen werden diese Phasen als „Wegdriften" bezeichnet, in denen sie zwar real gehandelt haben, sich aber hinterher an nichts mehr erinnern können. Es ist ein Schutz vor einem Schwall von unerträglichen widersprüchlichen Gefühlen.

4. Panische Angst vor dem Verlassenwerden

Wegen der ausgeprägten Abhängigkeit wird die Borderline-Persönlichkeit manchmal von panischer Angst vor dem Verlassenwerden ergriffen. Diese Angst kann auch aus völlig eingebildeten Gründen entstehen. Ursächlich entspringt diese Angst aus dem verzweifelten Bemühen um Kontrolle seiner zwischenmenschlichen Beziehungen, wenn seine gewohnten Mechanismen nicht mehr funktionieren.

Auf der einen Seite ist dann das ausgeprägte Bedürfnis nach großer Nähe, nach symbiotischer Verschmelzung vorhanden und auf der anderen Seite gleichzeitig die Angst vor allzu großer Nähe, denn hier würde die Borderline-Persönlichkeit ihre Kontrollmechanismen verlieren.

So muss sie verzweifelte Anstrengungen unternehmen, um aus der bedrohlichen Abhängigkeit zu fliehen. Sobald jedoch zu viel Abstand entsteht, verliert sie den Kontakt mit Teilen ihrer Selbst und es entsteht wieder eine panische Angst des Verlassenwerdens.

Die Angst vor der Trennung betrügt sich mit Liebe
(Hans-Christoph Neuert)

Die Angst kann sich dann in völlig unangemessenen Aktionen zeigen, wie Telefon-/SMS-/E-Mail-Terror, aggressives Verhalten, körperliches Festhalten des Partners oder manipulativer Verhaltensweisen wie Kranksein vortäuschen bis hin zu Suiziddrohungen. Selbst wenn die Bezugspersonen sich nur wenige Minuten verspäten, kann das Auslöser für plötzliche Verzweiflung werden. Dahinter steckt die kindliche Erinnerung an das Gefühl des Verlassenseins.

5. Identitätsunsicherheit, Gefühle von Leere und Langeweile

Es tritt häufig eine Identitätsstörung auf, die durch ein deutlich und andauerndes instabiles Selbstbild charakterisiert ist. Oft finden plötzlich dramatische Wechsel in der Zielsetzung, den Wertvorstellungen und von Berufswünschen statt. Die Betroffenen wechseln unter Umständen von der Rolle eines hochnäsigen Rächers zur Rolle eines hilfesuchenden Bittstellers, manchmal haben sie auch das Gefühl, überhaupt nicht zu existieren.

Sie können nur ihre Selbstgrenzen erleben, wenn sie mit dem idealisierten Objekt verschmelzen. Es wird nach Identifizierung gehungert, um die innere Leere auszufüllen,

> *In meiner Haut bin ich der Wichtigste und*
> *Wertvollste, leider wohnt da sonst keiner,*
> *der das auch findet*
> (Martialis)

gleichzeitig begeben sie sich dadurch in die Gefahr des völligen Identitätsverlustes.

Ein manchmal auftretendes Verhalten ist eine teilweise oder vollkommene Retardierung. In diesem Zustand fällt die Borderline-Persönlichkeit zeitweise in kleinkindliche Verhaltensmuster.

6. Selbstzerstörung und Suizid

Personen mit BPS neigen zu selbstzerstörerischem Verhalten, wie beispielsweise zu selbst zugefügten Schnittverletzungen, exzessivem Drogen- und Alkoholkonsum, Selbstmorddrohungen und -versuchen bis hin zu wiederholten Suizidhandlungen. Den selbstschädigenden Handlungen gehen gewöhnlich massive innere Spannungen voraus.

Sie haben neben der Spannungsabfuhr häufig ein Gefühl der Entlastung zur Folge, z.B. indem sie bei Selbstverletzung durch den Blutfluss merken, dass sie noch am Leben sind oder für ein schlechtes Verhalten „gebüßt" haben. Selbstschädigendes Verhalten tritt meist auf, wenn der Kontakt zur Umwelt verloren ist, die Gefühle von Leere, völliger Hoffnungslosigkeit und/oder Einsamkeit vorliegen.

> *Die Schmerzen sind's, die ich zu Hilfe rufe, denn es sind Freunde. Gutes raten sie*
> (Goethe)

Oft resultieren die häufigen Drohungen oder halbherzigen Selbstmordversuche nicht aus dem Wunsch zu sterben, sondern es zeigt den Versuch, Schmerz mitzuteilen, und die Bitte, dass andere eingreifen mögen. Trotzdem sollte man auch gewohnheitsmäßig wiederholte Drohungen nicht völlig ignorieren. Der Tod des Betroffenen könnte die Folge sein.

Grundsätzliches zum Thema Borderline

Bis zu einem gewissen Grad leiden viele Menschen mehr oder weniger an Symptomen, die auch eine Borderline-Persönlichkeit auch durchmacht. Die Grenzen zu dieser Störung sind zeitweise recht fließend und wahrscheinlich nur erklärbar, indem man die Pathologie erkennt. Sobald diese Störung das eigene Leben oder das anderer negativ beeinflusst, die Symptome selbst nicht mehr in den Griff zu bekommen sind und das Leben beherrschen bzw. kontrollieren, ist von Krankheit zu sprechen.

Viele Merkmale der BPS, wie Impulsivität, stürmische Beziehungen, Identitätsverwirrung, Stimmungsinstabilität haben in abgeschwächter Form Ähnlichkeit mit den Problemen von Jugendlichen, die in der Pubertät entstehen. Grundsätzlich geht es in dieser Phase um die Etablierung einer Kernidentität. Dieser Prozess ist in der Regel mit dem Ende der Pubertät weitgehend abgeschlossen, bei der Borderline-Persönlichkeit jedoch nicht.

> *„Ich bin ein Rebell!!!“*
> (ein Borderliner)

Hinter dem Borderline-Symptom Promiskuität steht häufig das Bedürfnis nach Liebe, Aufmerksamkeit und Anerkennung. Fehlende beständige Selbstachtung und mangelndes Identitätsgefühl können durch häufigen Partnerwechsel kompensiert werden. Hier erleben

Borderline-Persönlichkeiten das Gefühl, begehrt zu sein. Viele Frauen empfinden ihre körperliche Attraktivität als ihren einzigen Vorzug. Viele Kriterien der BPS sind auch in anderen Persönlichkeitsstörungen zu finden, auch kann zum Beispiel exzessiver Alkoholmissbrauch über einen längeren Zeitraum, besonders in der Jugend zur Entstehung von Borderlinemustern beitragen.

Weitere Persönlichkeitsstörungen

Das Störungsbild und die Diagnosestellung Borderline ist selbst in der psychiatrischen/psychotherapeutischen Fachliteratur und Fachwelt umstritten. Aus diesem Grund hier zur Abgrenzung eine kleine Zusammenfassung weiterer Persönlichkeitsstörungen, auch um ein wenig zu verdeutlichen, wie schwierig es sein kann, eine eindeutige Diagnose zu stellen:

1. Ängstliche (vermeidende/selbstunsichere) Persönlichkeitsstörungen

Sie sind gekennzeichnet vom tief greifenden Gefühl der eigenen Unzulänglichkeit, verbunden mit einer hieraus resultierenden ständigen Ängstlichkeit und Sorge, von anderen kritisiert und abgelehnt zu werden. Dies kann dann zu starkem sozialen und/oder beruflichem Rückzug führen.

2. Abhängige (dependente) Persönlichkeitsstörungen

Hier wird das Bild beherrscht von der tiefgreifenden Angst, verlassen zu werden und alleine nicht zurechtzukommen. Daher werden persönliche Bedürfnisse denen anderer untergeordnet und Entscheidungen an Bezugspersonen verwiesen. Hiermit verbunden sind dementsprechend auch starke „Anklammerungstendenzen" und ausgeprägte Wünsche nach „Umsorgtwerden“.

3. Schizoide Persönlichkeitsstörungen

Geprägt von innerer Kühle und Distanziertheit, oft gepaart mit Misstrauen anderen gegenüber, was dann häufig auch zu sozialem Rückzug („Einzelgänger“) bis hin zur Isolation führen kann. Gefühle werden als problematisch erlebt und möglichst gemieden bzw. als solche nicht wahrgenommen. Gleichzeitig besteht eine Neigung zu übermäßiger Beschäftigung mit eigenen Phantasien und Gedankengebäuden (starke Introvertiertheit). Betroffene können zunehmend unter den „fehlenden“ Gefühlen leiden, da hierdurch die menschliche Lebendigkeit verloren geht, und sie unter der zunehmender Einsamkeit und Isolation leiden.

4. Histrionische Persönlichkeitsstörungen

Typischerweise lassen sich hier heftige, schnell wechselnde Gefühle mit dem Hang zu starkem Ausdruck („theatralisch“, „dramatisch“) finden, verbunden mit dem großen Bedürfnis nach Aufmerksamkeit. Hierdurch bedingt entsteht auch eine übertrieben starke Beschäftigung mit der eigenen äußerlichen Attraktivität. Schwierig kann es werden, wenn z.B. durch das natürliche Altern das innere Selbstwertgefühl über äußerliche (jugendliche) Attraktivität nicht mehr ausreichend gestützt werden kann. Leid kann auch durch die Schwierigkeit entstehen, sich nicht auf längerdauernde tiefergehende Beziehungen einlassen zu können.

5. Narzisstische Persönlichkeitsstörungen

Hier sind Gefühle der eigenen Großartigkeit („Größenselbst") kombiniert mit dem ausgeprägten Bedürfnis nach ständiger Bestätigung und Bewunderung durch andere. Kritik wird dementsprechend nur schlecht ertragen und Bedürfnisse anderer werden häufig nur insoweit wahrgenommen, wie sie der eigenen Bestätigung, dem eigenen Selbstwert, nützen. Das eigene innere Empfinden unterliegt dabei starken Schwankungen zwischen Größenwahnphantasien („Ich allein kann es am besten") und dem Gefühl völliger Wertlosigkeit („Ich bin wirklich das Letzte"). Diese starken Schwankungen können schwer erträglich sein. Häufig fehlt dabei eine realistische Einschätzung der eigenen Stärken und Schwächen um die eigene (nur allzu menschliche) Mitte. Mangelt es an genügender Anerkennung, droht das Gefühl einer großen inneren Leere, die unaushaltbar scheint und daher „um jeden Preis" gemieden werden muss.

6. Zwanghafte Persönlichkeitsstörungen

Charakteristisch für diesen Typ der Persönlichkeitsstörungen ist der übergroße Drang nach Ordnung und Genauigkeit. Alles muss seinen „festen Platz", seine „feste Ordnung", seinen „festen Ablauf" haben. Bereits geringe Störungen von außen auf den geplanten Tagesablauf können zu erheblichen Irritationen führen.

Häufig ist dies verbunden mit dem Ehrgeiz, möglichst perfekt zu sein, um Fehler zu vermeiden. Verbunden mit einer Zwangsstörung können auch Zählzwänge, Waschzwänge und andere Kontrollrituale auftreten. Dies kann zu Schwierigkeiten in der Bewältigung beruflicher Anforderungen führen und ebenso zu Problemen in zwischenmenschlichen Beziehungen, wenn alles nur nach festgelegten Schemata ablaufen darf. Abweichungen und Unvorhersehbares rufen oft starke Ängste hervor.

7. Dissoziative Identitätsstörung („Multiple Persönlichkeit")

Die schwerste Ausprägung so genannter „dissoziativer" Störungen ist die „Dissoziative Identitätsstörung". Hier sind die verschiedenen „inneren Anteile", die jeder Mensch kennt, so stark ausgeprägt, dass sie wie eigenständige (Innen-) Personen wirken und von Außenstehenden auch wieder erkannt werden. Bei bis zu 80% der multiplen Persönlichkeiten herrscht das Störungsbild der BPS vor.

Der kleine Clown

Als Kind, da malte er sich aus
seine Träume würden Wirklichkeit.
Und sein Traum war einmal Clown zu sein,
der immer lacht und niemals weint.
Nur eines das sah er damals nicht,
denn erlischt das Rampenlicht,
verbirgt sich hinter diesem Clown
nicht oft ein trauriges Gesicht?
"Ich will ein Clown sein!", hat er oft gedacht,
sah er verzweifelt in die Nacht...
und heute ist er selbst ein kleiner Clown,
doch es ist anders als im Traum,
denn steht er erst im Rampenlicht,
trägt er ein anderes Gesicht.
Auf der Bühne lacht sein Herz
und keine Spur von Leid und Schmerz.
Doch wie es wirklich ist, dass sieht man nicht,
verdeckt vom strahlenden Gesicht.
Man sieht nur Spaß mit unendlicher Freude vereint,
doch unter der Maske der Clown, er weint.
Die Leute sehen nicht, wie er das macht
die Menge tobt und die Menge lacht,
und viele träumen insgeheim
irgendwann mal Clown zu sein.
Doch wenn der letzte Vorhang fällt
und keine Bühne sich erhellt,
dann träumt der Clown, kein Clown mehr zu sein.
Doch ist sein Wunsch auch noch so klein,
bleibt er mit seinem Traum allein (Nicolas Lange)

Ursachen der Borderline-Persönlichkeitsstörung

Die Borderline-Symptomatik entsteht wohl hauptsächlich aus traumatisierenden Erfahrungen in der Kindheit. Eine Tendenz zu übersteigertem Temperament und möglicherweise einer subtilen Form von neurologischer bzw. biochemischer Dysfunktion könnte das Problem noch verstärken.

Zu den traumatisierenden Faktoren zählen verbaler, emotionaler und körperlicher Missbrauch und Misshandlungen in der Kindheit, besonders zwischen dem 2. und 3. Lebensjahr und ein dysfunktionales häusliches Umfeld, z.B. Substanzmissbrauch der Eltern oder extreme Vernachlässigung. Auch liegt ein signifikant hoher Prozentsatz von Trennung bzw. Scheidung der Eltern von Betroffenen vor.

Auf jeden Fall entwickelt sich die BPS nicht aufgrund eines Einzelereignisses, sondern es müssen wiederholt traumatisierende Erfahrungen gemacht worden sein. Weiter ist eine familiäre Neigung zu psychiatrischen Störungen zu erkennen. BPS soll zwar nicht vererbbar sein, jedoch wird die BPS ungewöhnlich häufig von einer an die nächste Generation weitergegeben.

Mehrere Experten sind sich darüber einig, dass die Störung auf eine gestörte Mutter-Kind-Beziehung zurückzuführen ist. Das Kind wächst in einer dysfunktionalen Umgebung auf und erhält nicht die Möglichkeit, sein Ich und Objektbeziehungen zu entwickeln.

Es kann kein „Urvertrauen“ entstehen und somit kann das Kind kein eigenes, stabiles Ich entwickeln, so dass ein ständiges Bedürfnis nach Bindung und die chronische Angst vor dem Verlassenwerden entsteht. Rohde-Dachser und andere Fachautoren sind im Wesentlichen der Auffassung, dass das Borderline-Syndrom aus „einer frühen und tiefgreifenden Störung der Mutter-Kind-Beziehung resultiere, die sich niemals zu jener unerlässlichen tragend-symbiotischen Form ausgestaltet habe, die das Fundament der Ich-Entwicklung, insbesondere der Differenzierung von Selbst und Objekten darstellt und einem Kind ‚Urvertrauen‘ vermittelt“.

Zuletzt sei auch noch angemerkt, dass mehrere Studien auf einen Zusammenhang zwischen impulsiver Aggression (Fremdaggression UND Autoaggression) und einem herabgesetzten Serotoninspiegel hinweisen.

Therapiemöglichkeiten bei der BPS

BPS ist eine schwere Erkrankung, die nicht leicht zu behandeln ist. Teilweise wird sie sogar in der psychologischen Fachwelt angezweifelt. Hier gibt es drei Gruppen: die eine befürwortet das Borderline-Syndrom, die andere beurteilt es kritisch, aber auch zustimmend und die dritte lehnt es gänzlich ab, manche mit der Begründung, es wäre eine psychische Durchgangsstation zu einer anderen Störung. Deshalb verwundert die eingangs schon erwähnte statistische Zahl nicht, dass durchschnittlich 6,5 Jahre vom ersten Kontakt zu einem psychologischen Fachmann bis zur Diagnose Borderline vergehen.

Eine weitere Schwierigkeit stellt die dünn angesiedelte erste Einsicht, am Borderline-Syndrom erkrankt zu sein, die geringe Therapiewilligkeit und das mangelnde Durchhaltevermögen der Betroffenen dar. Die Abbruchrate soll bei über 50% liegen. Hier ist als besonders problematisch anzusehen, dass Borderline-Persönlichkeiten dazu neigen, ihre dysfunktionalen Beziehungsmuster im therapeutischen Arbeitsbündnis auszuleben, d. h. Idealisierung/Entwertung, Spaltung, Projektion und projektive Identifizierung wird im Bezug auf den Therapeuten angewendet.

Aus diesem Grund gibt es viele Therapeuten, welche die Arbeit mit Borderline-Patienten ablehnen oder nur eine begrenzte Anzahl an Patienten behandeln. Als Therapiemöglichkeiten lassen sich die psychoanalytisch interaktionelle Psychotherapie, EMDR (Traumaverarbeitung), die Gesprächs-, Verhaltens- Gestalt- und Gruppentherapie nennen, auf die hier allerdings nicht näher eingegangen werden soll, denn die wohl erfolgversprechendste Therapie bei Borderline ist die DBT, die in Amerika entwickelte Dialektisch Behaviorale

Therapie nach Marsha Linehan, die allerdings in Europa unter Fachleuten noch kaum verbreitet ist.

Die Dialektisch Behaviorale Therapie nach Marsha Linehan, DBT

Die stationär oder ambulant durchführbare DBT wurde von Marsha Linehan, Professorin für Psychologie und Verhaltenstherapeutin und ihren Mitarbeitern in den 90er Jahren entwickelt und ist eigentlich eine Kombination aus Verhaltenstraining in der Gruppe und Einzeltherapie.Sie integriert ein breites Repertoire aus verhaltenstherapeutischen, psychodynamischen, gestalttherapeutischen und hypnotherapeutischen Techniken und Behandlungsstrategien sowie östliche Lehren.

Nach Linehan steht bei der BPS die Störung der Emotionsregulation im Vordergrund. Das Besondere ist, dass in der Therapie vorerst traumatische Erfahrungen nicht bearbeitet werden, sondern es wird an der Stabilisierung des Denkens, Fühlens und Handelns, verwoben mit dem Erwerb von Fertigkeiten zum Überleben und zur Bewältigung des Alltags gearbeitet.

Der Schwerpunkt liegt nicht nur auf Seiten der Veränderung, sondern vor allem auf Seiten der Akzeptanz, eine Situation so wahrzunehmen, wie sie gerade ist. Dies soll zu der Einsicht führen, dass sowohl schwarz als auch weiß, gut als auch schlecht, gleichzeitig betrachtet werden kann. Die DBT verlangt vom Therapeuten höchsten Einsatz, wie z.B. permanente telefonische Erreichbarkeit und ein ausgesprochen großes Maß an Empathie mit gleichzeitiger Fähigkeit Grenzen zu setzen.

In der Einzeltherapie, die normalerweise zweimal die Woche stattfindet, werden Problembereiche im hierarchischen Sinne nach Dringlichkeit geordnet und besprochen. An erster Stelle steht suizidales Verhalten, gefolgt von therapiegefährdendem Verhalten, danach Beeinträchtigung der Lebensqualität und dann Verbesserung der Verhaltensfertigkeiten. In der Gruppentherapie, die in der Regel einmal die Woche für 2 Stunden stattfindet, werden die gelernten Fertigkeiten geübt. Für die Dauer der Therapie sollten zwei Jahre veranschlagt werden.

Es werden vier Bereiche trainiert:

- Innere Achtsamkeit: hier wird die eigene Intuition geschult, um Fehleinschätzungen zu vermeiden. Wahrnehmen, Beschreiben, Teilnehmen sowie nicht bewertendes Denken und Handeln wird geübt.

- Zwischenmenschliche Fähigkeiten: lernen des Durchsetzens von eigenen Zielen und Wünschen. Orientierung auf Ziele, Entwicklung der

Selbstachtung und Beziehungsfähigkeit sowie respektvolles Artikulieren mit besonderem Augenmerk auf die eigene Selbstachtung.

- Bewusster Umgang mit Gefühlen: lernen, die Gefühlswelt zu regulieren. Hier ist das Ziel, Gefühle in ihren Bedeutungen und Auswirkungen verstehen und akzeptieren zu lernen und die Erhöhung des Vertrauens in die eigene Gefühlswelt.

- Stresstoleranz: Übungen zum Umgang mit Notsituationen. Lernen, Krisen „auszuhalten" und Spannungen zu reduzieren.

In der DBT haben Borderline-Persönlichkeiten oft das erste mal das Gefühl, dass es nicht darum geht, dass Sie sich zusammenreißen müssen, dass sie verbogen würden, dass sie funktionieren sollten, sondern dass sie lernen, sich so zu akzeptieren wie sie sind. Das ist für viele Betroffene eine ganz neue und erleichternde Einsicht.

Die Patienten werden angeleitet, sich einen individuellen Notfallkoffer einzurichten. Dabei werden z. B. die so genannten „Skills", die hilfreichsten Fertigkeiten, die auf Kärtchen aufgedruckt sind, für die Betroffenen in Notsituationen ein Erfolg versprechendes Instrument. Außerdem protokollieren die Betroffenen täglich ihre Erfolge bzw. Misserfolge auf der so genannten „diary-card".

Empfehlungen zum Umgang mit der Borderline-Persönlichkeit

Die wichtigsten Hilfen zum Umgang mit Borderline-Persönlichkeiten sind klares Grenzensetzen, Verantwortlichkeiten klären und das gepaart mit Verständnis für die Krankheit und Mitgefühl für den Menschen. Das Aufzeigen der Grenzen ist nicht nur für den Partner wichtig, sondern auch für die Borderline-Persönlichkeit. Weil Borderline-Persönlichkeiten dazu neigen, anderen für realistische Reaktionen auf ihr Verhalten Schuld zuzuweisen, müssen sie häufig daran erinnert werden, dass die Reaktionen anderer in erster Linie darauf basieren, was sie tun und dass sie auch Verantwortung für die Konsequenzen übernehmen müssen. Kennzeichen des Verhaltens einer Borderline-Persönlichkeit sind teilweise unreife bzw. kindliche Reaktion. Das Hin- und Herwechseln von einer unauffälligen und effizient funktionierenden Rolle auf die andere Seite, einer katastrophal chaotischen Welt ist typisch. Deshalb sollte der Partner in der Lage sein, stabile Verhaltensweisen aufzuzeigen. Da dies über Kommunikation möglich ist, sind im Folgenden zwei Kommunikationstechniken aufgezeigt:

Als hilfreich hat sich die so genannte SET-Kommunikation erwiesen. Danach sollten Kommunikationsprozesse von den Botschaften Support (Unterstützung), Empathy (Mitgefühl) und Truth (Wahrheit) geprägt sein. Das heißt a) Sorge für die Borderline-Persönlichkeit zeigen, b) ihre Gefühle anerkennen und c) zur Wahrheitsaussage übergehen. Als Beispiele wären zu nennen:

- Unterstützung: „…Ich mache mir wirklich Sorgen um dich…"
- Mitgefühl: „…du musst dich gerade sehr schrecklich fühlen…"
- Wahrheit: „…das ist geschehen, so sehen die Folgen aus, was gedenkst du zu unternehmen?..."

Die ersten zwei Botschaften signalisieren der Borderline-Persönlichkeit, dass er unterstützt wird, dass ihm nichts Böses gewollt wird, die dritte Botschaft signalisiert Eigenverantwortung. Es ist wichtig, dass alle drei Teile in die Kommunikation einfließen und klar ausgedrückt werden, sonst schaltet sich die Borderline-Persönlichkeit aus dem Gespräch aus, bzw. „hört" nichts mehr oder fühlt sich angegriffen. Ist das Wahrheitselement nicht klar ausgesprochen, kann es passieren, dass Borderline-Persönlichkeiten dies als Bestätigung oder Einwilligung interpretieren.

Ein kleines typisches Fallbeispiel sei hier vorgestellt, um aufzuzeigen, egal wie der Partner reagiert, es ist immer falsch. Die Borderline-Persönlichkeit droht mit Selbstmord. Reagiert der Partner auf diese Botschaft, indem er Gründe für das Weiterleben aufzählt, wird er als kontrollierend und seinen Schmerz nicht verstehend verurteilt. Ignoriert der Partner die Selbstmorddrohung, wird er beschuldigt, kalt und herzlos zu sein. In diesem Fall könnte die Anwendung der SET-Kommunikationsform folgendermaßen aussehen:

„Ich mache mir große Sorgen um dich, ich liebe dich und ich möchte dir helfen. Ich weiß, dass du momentan unter einem enormen emotionalen Druck stehst. Dass du mir von deiner Selbstmordabsicht erzählst, zeigt mir, dass ein Teil in dir weiterleben will und ich meine, auf diesen Teil sollte ich reagieren, deshalb möchte ich, dass du (jetzt) bald zu einem Arzt gehst, damit er bei diesem Problem helfen kann". Diese Kommunikationsform ist ein wenig anstrengend, da jeder Satz mit Nachdenken formuliert werden und in die drei Bereiche aufgespaltet werden muss. Dadurch verliert die Kommunikation ihren flüssigen Verlauf und wirkt aufgebläht.

Als nächstes sei eine andere, meiner Meinung nach effektivere Kommunikations-Methode aus dem Buch „Schluss mit dem Eiertanz" von T. Mason und R. Kreger erwähnt. Bei dieser Methode, die übrigens in jeder Lebenslage zu erstaunlichen Erfolgen führen kann, wird der Selbstwert beider Seiten gewahrt und die Gefahr der Entstehung eines Therapeuten/Klienten-Gesprächs wie bei der SET-Kommunikation ist nicht gegeben. Hauptaugenmerk liegt bei dieser Methode auf der Technik zur Umgehung einer Eskalation im Gespräch.

Man geht davon aus, dass Menschen gewöhnlich bei einem Angriff/einer Attacke mit vier verschiedenen gängigen Verhaltensweisen spontan reagieren, die aber jeweils meist zu weiterer Eskalation führen.

- Gegenangriff: „…du hast ja auch…“
- Abstreiten: „…hab ich doch gar nicht…“
- Verteidigen: „…musste ich aber…“
- Rückzug: „…lass mich in Ruhe…“

Die Methode zur Deeskalation bedeutet, sich von der Meinung des anderen abzugrenzen bzw. sie stehen zu lassen und gleichzeitig die eigene Meinung in den Raum zu stellen.

Im ersten Teil wird signalisiert, dass man sein Gegenüber versteht, evtl. wird noch eine Begründung hinzugefügt. Im zweiten Teil stellt man seinen eigenen Standpunkt dar. Ein Beispiel, auf einen unangemessenen Angriff wegen Unpünktlichkeit zu reagieren, wäre:

„ich verstehe, dass du Probleme mit dem Alleinsein hast, es ist für dich unerträglich. Mir ist es jedoch manchmal nicht möglich und auch einfach zu viel, mich wegen 3 Minuten Verspätung bei dir zu melden“.

Diese Art der Kommunikation erfordert auch ein gewisses Maß an Selbstreflexion und hat auch auf den Partner, der ja dazu neigt, seine Bedürfnisse hint anzustellen, eine therapeutische Wirkung, da er sich immer wieder vor Augen halten muss wie seine Bedürfnisse aussehen, wo seine Grenzen sind.

II Der Beziehungspartner der Borderline-Persönlichkeit

Eine wichtige Frage, die sich jeder Partner eines Menschen mit der BPS irgendwann stellt, ist: „Wie konnte ich da reingeraten?" Die Antwort darauf muss von mehreren Seiten aus betrachtet werden. Erstens verfügt die Borderline-Persönlichkeit über eine erstaunliche Manipulationsfähigkeit und zweitens liegen beim Partner wahrscheinlich großräumige Co-Abhängigkeitsanteile vor. Um die ganze Problematik zu verstehen, wird hier erst einmal der tendenzielle Ablauf einer solchen Beziehung betrachtet und im Anschluss daran auf die Persönlichkeit des Partners eingegangen mit besonderem Augenmerk auf die Theorie der Co-Abhängigkeit.

Tendenzieller Beziehungsablauf

Ich möchte bei diesem Kapitel wiederholt darauf hinweisen, dass der im Folgenden beschriebene Beziehungsablauf die Sicht des Partners beleuchtet. Die Sicht der Borderline-Persönlichkeit wird hier weitgehend außer Acht gelassen, sie sieht für sie ganz anders aus und soll aufgrund seiner Störung auch respektiert und genau so als real angesehen werden. Dies noch einmal hervorzuheben, ist mir besonders wichtig, denn ohne diesen Hinweis könnte man die Borderline-Persönlichkeit als „hinterhältiges Monster" verstehen, was definitiv nicht der Fall ist, denn hinter der

BPS steckt größtes Leid der Betroffenen und keinesfalls der echte Wille zu zerstören, auch wenn es manchmal den Anschein hat. Bei der Beschreibung eines tendenziellen Beziehungsablaufs mit einem Partner mit BPS gibt es sich wiederholende Muster, die im Folgenden dargestellt werden.

Grundlegend kann man sagen, dass eine Beziehung zu einer Borderline-Persönlichkeit wie jede andere Beziehung auch beginnt, nur mit dem Unterschied, dass alles fantastischer, wundervoller, eindeutiger, tiefer, schillernder, farbiger und viel versprechender ist. Dies gilt nicht nur für den Anfang, sondern auch für jede Phase der Beziehung, in denen die typische Idealisierung angewendet wird.

Menschen mit dem BPS-Syndrom verfügen häufig über eine starke bis charismatische Ausstrahlungskraft und einen einnehmenden Charme. Eine überdurchschnittliche Attraktivität unter Borderline-Persönlichkeiten dürfte vorherrschen, weil sie ausgeprägt, besonders die mit narzisstischem Anteil, auf ihr Äußeres achten und gut geübt im Präsentieren ihrer eigenen Person sind.

Die Anziehungskraft der Sexualität kann auch eine wichtige Rolle spielen, da sich Borderline-Persönlichkeiten hervorragend einfühlen können und die Wünsche, manchmal die geheimsten, erfüllen. Davon fühlen sich häufiger Männer angezogen, das kann bis zur sexuellen Fixierung reichen. Frauen, die an eine Borderline-

Persönlichkeit geraten, werden eher in ihrer Gefühlswelt angesprochen.

Aufgrund ihrer gefühlsmäßigen Sprunghaftigkeit sind Borderline-Persönlichkeiten oft sehr schnell bereit, eine feste Beziehung einzugehen, in die Wohnung des Partners einzuziehen bzw. Hals über Kopf zu heiraten. So entsteht in den meisten Fällen schnell eine scheinbar starke Bindung, die im Gegensatz zu normalen Beziehungen die Zeit des gegenseitigen Kennenlernens und Sichannäherns weit unterschreitet. Hier ist auch als wichtiger Punkt anzumerken, dass sich in einer normalen Beziehung gegenseitiges Vertrauen langsam entwickelt. Der Partner einer Borderline-Persönlichkeit gibt häufig einen unglaublich großen Vertrauensvorschuss, der sich letztendlich für beide Seiten negativ auswirkt.

Durch die Idealisierung seitens der Borderline-Persönlichkeit hat der gesunde Partner schnell das Gefühl, „den Richtigen“ bzw. „die Richtige“ kennen gelernt zu haben. Wünsche und Sehnsüchte werden von den Augen abgelesen und erfüllt. Der Partner wird vergöttert. Es entsteht eine symbioseähnliche Beziehung, da sich die Borderline-Persönlichkeit scheinbar für den Partner aufgibt und dies auch von seinem Partner erwartet. Anfangs werden alle Bedürfnisse des Partners erfüllt, seien es Nähe, Verständnis, Zuneigung, Vertrauen, perfekter Sex und kompromisslose Liebe. Dadurch, dass Borderline-Persönlichkeiten schwer Zugang zu ihrer eigenen Identität finden, ist es für sie möglich, in die Identität des Partners zu schlüpfen und so seine Wünsche, Werte, Vorlieben zu leben.

Viele Partner berichten von der größten Liebe ihres Lebens, auch noch nach der Trennung. Vom 7. Himmel des 7. Himmels auf Erden, von intellektueller und/oder emotionaler Symbiose. Männer berichten häufig von der erfüllendsten Sexualität durch die Partnerin und Frauen häufig von einem tiefen, symbiotischen Verstehen. Die Beziehungen werden teilweise als so intensiv empfunden wie es in einer normalen Beziehung nie erlebbar sein kann. Borderline kommt auch häufig in homosexuellen Beziehungen vor.

Auch von Kreativität in dem Sinne, den Partner zu erfreuen, Spontaneität und Ideenreichtum, was gemeinsame Unternehmungen angeht, seitens der Borderline-Persönlichkeit wird berichtet. Es werden tiefe Gefühle empfunden und gelebt. Wohl jeder Partner einer Borderline-Persönlichkeit wird es ähnlich ausdrücken: „…es war wirkliches großes Kino und es ist doch äußerst reizvoll, mal nicht Zuschauer zu sein, sondern auf der Leinwand mitzuspielen. Geht dann eben nur nicht gut, oder besser gesagt, endet in filmmäßiger Katastrophe…"

Da der Partner in der Regel die scheinbar völlige Selbstaufgabe der Borderline-Persönlichkeit nicht erwidert bzw. gar nicht erwidern kann, beginnen dann auch schon die ersten Probleme. Häufig zeigt sich früh in dieser Beziehung ein bestimmtes Symptom, nämlich die Angst verlassen zu werden. Da kann das simple Lesen eines Buches von der Borderline-Persönlichkeit bereits als erniedrigende Ignoranz des Partners gedeutet werden und sofort in eine wilde Diskussion ausarten. Eine kleine Verspätung von wenigen Minuten kann dramatische Reaktionen hervorrufen, ein Treffen mit Freunden zu Ausbrüchen, gleich einem Trennungsdrama, ausarten. Kurz, kleine Anlässe führen zu einem nicht angemessenen, weit übertriebenen Verhalten. Diese „Ausfälle" werden zu diesem Zeitpunkt jedoch noch nicht als krankhaft eingeordnet, sondern sie lösen höchstens Verwunderung aus und stimmen den Partner ein wenig nachdenklich. Etwa wird das Verhalten als „empfindlich" oder als Folge von Traumatisierungen früherer Beziehungen gedeutet, über die Borderline-Persönlichkeiten häufig ausgesprochen negativ berichten.

Ich hasse das Chaos,
aber das Chaos liebt mich

(Graf Fito)

In der nächsten Phase beginnt die Borderline-Persönlichkeit systematisch den Partner von dessen Umwelt abzuriegeln und zu kontrollieren, weil ein eigenständiges Leben des Partners von ihm als bedrohlich empfunden wird. Diese Taktik kann bis zur völligen Überwachung ausarten, wie heimliches oder offenes Briefe lesen, Überprüfung des Handys auf angerufene Nummern oder Verbote, Kontakte in der Außenwelt zu pflegen. Manchmal werden auch Intrigen gesponnen, um den Partner von der Umwelt abzuschneiden.

Die Häufigkeit der „Ausfälle" nimmt zu, die Phasen der Idealisierung werden weniger. Zunehmend ereignen sich Dramen, denen meist nichtigste Anlässe zu Grunde liegen. Dies reicht von Beschimpfungen, Beleidigungen und Bedrohungen, über körperliche Gewalt gegenüber dem Partner sowie Suizidandrohungen, bis hin zu, im wahrsten Sinne des Wortes, zur Selbstzerfleischung des Betroffenen, durch Selbstverletzung. Insgesamt kann man über diese Phasen sagen, dass dahinter übergroße Emotionen stehen, die sich entweder gegen den Partner richten oder gegen sich selbst und nicht kontrolliert werden können.

Vom Partner werden oft die unmöglichsten Dinge erwartet, wie z. B. der Kontaktabbruch zur eigenen Familie. Überdurchschnittlich häufig lässt sich die Borderline-Persönlichkeit aufgrund mangelnder Verantwortung, von ihrem Partner teilweise oder ganz finanziell unterstützen. Durch die häufige Kritik haben Partner von Borderline-Persönlichkeiten zunehmend das Gefühl, nichts mehr richtig und immer zu wenig zu machen.

Die Idealisierungsphasen bringen den Partner dazu, zu glauben, dass er noch mehr tun müsste, um die Beziehung zu erhalten. Der Partner strengt sich noch mehr an, denn er denkt, er müsste nur genug lieben und/oder unterstützen, dann wird er/sie wieder der/die „Alte" (der/die idealisiert). Da aber die Erwartungen der Borderline-Persönlichkeit ins

Unermessliche gehen, kommt der Partner in einer Abwärtsspirale langfristig an seine eigenen Grenzen des Gebens und vor allem der vermehrten Vernachlässigung seiner selbst.

Bald beginnt der Partner Strategien zu überlegen, was er gegen das einengende, bzw. verletzende Verhalten tun kann. Da wären Aussprachen, die jedoch mit schlagenden Argumenten, rationalen wie irrationalen, letztendlich gar nicht wahrgenommen werden. Daraus folgende Versprechungen werden nicht eingehalten. Trennungsdrohungen haben manchmal die Folge einer kurzfristigen Besserung, je nach dem, wie überzeugend sie ausgesprochen wurden. Häufig geschieht aber auch ein plötzliches „Abtauchen“, während dessen völlige Funkstille herrscht. Hier wird auch oft Fremdgegangen und das auch nicht als Schuld angesehen, da die Borderline-Persönlichkeit mit der kurzfristigen Trennung argumentiert. Promiskuität kommt im Zusammenhang mit der Borderline-Störung überhaupt häufig vor.

In dieser Phase beginnt der Partner Antworten für das Verhalten zu suchen und kommt mit der Borderline-Persönlichkeitsstörung in Berührung,. Denn er stellt zunehmend fest, dass mit seinem Partner „etwas nicht stimmt“. Auch dies ist ein weiterer Versuch, eine Lösung für die Rettung der Beziehung, für die Rettung des Partners zu finden. Es wird Literatur verschlungen, das Internet durchforstet und häufig werden im Anschluss Therapeuten konsultiert. Sei es vom Partner oder, falls die Borderline-Persönlichkeit schon offen genug ist, auch von ihm oder von beiden.

Die Phasen von einem Drama zum nächsten werden immer kürzer und die Dramen immer ausfallender. Der Partner wird verstärkt, wie oben beschrieben, in die Abwärtsspirale des Gebens/Ertragens gedrängt, bis bei ihm selbst der Leidensdruck so groß ist, bzw. dessen Grenze erreicht ist, bis es also unerträglich geworden ist. Diese Grenze ist individuell verschieden und reicht vom völligen Abgeschnittensein von der Umwelt über einen Burn out bis zum emotionalen und/oder körperlichen Zusammenbruch des Partners der Borderline-Persönlichkeit.

Eine Trennung von einer Borderline-Persönlichkeit wird immer dramatisch sein und sich immer in ihrer Emotionalität weit von einer „normalen" Trennung abheben. Viele Borderline-Persönlichkeiten beginnen nach der Trennung einen regelrechten Rosenkrieg, manche lösen sich in Luft auf, sobald sie erkannt haben, dass die Trennung unumgänglich ist. Aber die meisten versuchen nach einer Weile, den Partner mit Idealisierung zurück zu gewinnen.

Die durchschnittliche Dauer einer Beziehung mit einer Borderline-Persönlichkeit liegt bei 22 Monaten, wobei die wenigen langjährigen Beziehungen die Statistik hochschrauben und man eher davon ausgehen kann, dass die Dauer zwischen 12 bis 16 Monaten liegt.

Wird während der Beziehung seitens der Borderline-Persönlichkeit nicht ganz klar Therapiewille und auch das Durchhaltevermögen dafür gezeigt und zwar aus eigenem Antrieb und nicht aufgrund des Drucks vom Partner, ist eine gesunde Beziehung auf keinen Fall möglich.

Bedeutung einer Beziehung zu einer Borderline-Persönlichkeit

Für Partner einer Borderline-Persönlichkeit kann der Umgang psychisch sehr belastend sein. Insbesondere das affektiv wechselnde Nähe-Distanz-Verhalten, also das Wechselbad der Gefühle, kann auf Dauer zur eigenen psychischen oder gar somatischen Erkrankung führen. Das hängt einerseits von der Ausprägung der BPS und andererseits von der persönlichen psychischen Konstitution des Partners ab.

Die zuerst entstehende Belastung der Partner beginnt mit der Enttäuschung, wenn die Borderline-Persönlichkeit das Denken über ihre idealisierte Person drastisch umstrukturiert, dann nämlich wird der Partner von einem Moment zum anderen vom Prinzen/von der Prinzessin zum absolut Letzten, den es auf der Welt gibt, degradiert.

Auf Dauer führt dieses Verhalten natürlicherweise zu einer tief greifenden Verunsicherung des Partners

Er bezieht den Grund des Verhaltens auf sich selbst, kann aber letztendlich nicht angemessen reagieren, denn die Gründe für das jeweilige Verhalten wechseln manchmal spontan ins komplette Gegenteil. So hat er zunehmend das Gefühl, nie etwas richtig machen zu können und beginnt bald tief an sich selbst zu zweifeln. Vor allem ist die Folge des ständig wechselnden Verhaltens der Borderline-Persönlichkeit eine erweiternde Aushöhlung der Grenzen der Partner.

Das Tragische ist, dass Borderline-Persönlichkeiten ihr „Spiel“ gerade mit denen spielen „müssen“, die ihnen am nächsten sind, mit denen sie am meisten eine Verbindung suchen, also in den engsten Beziehungen.

Jeder Partner einer Borderline-Persönlichkeit wird bestätigen können, dass er im Grunde nie wirklich das Gefühl hat, von seinem gestörten Partner „gesehen“, also im Ganzen „wahrgenommen“ zu werden. Auch wenn die Borderline-Persönlichkeit in einer Phase steckt, in der sie gerade die volle Aufmerksamkeit auf den Partner lenkt, wird man feststellen können, dass eine Verhaltensweise des Partners, die gerade nicht in das momentane Bild der Borderline-Persönlichkeit passt, sie augenblicklich verwirren wird.

Beispielsweise sagt die Borderline-Persönlichkeit nach einem arbeitsreichen Tag, dass es ihr wahnsinnig wichtig ist und sie alles dafür tun will, dass es dem Partner gut geht (wichtig dabei ist, zu wissen, dass sie es in diesem Moment auch wirklich so meint). Der Partner ist sehr müde und kündigt kurze Zeit später an, schlafen zu gehen. Diese Ankündigung kann die Borderline-Persönlichkeit die noch vor kurzer Zeit gemachte Aussage, dass sie alles für die Bedürfnisse des Partners tun will, vollkommen vergessen lassen. Denn das Schlafengehen passt nicht in das Bild des schönen Abends, das sich die Borderline-Persönlichkeit vorgestellt hat und es kann zu einem radikalen Stimmungsumschwung kommen.

Waren die Bedürfnisse des Partners noch vor kurzem scheinbar wichtig, geht es jetzt nur noch darum, dass der Partner nicht schlafen geht und mit der Borderline-Persönlichkeit einen ‚schönen Abend' verbringt. Von außen betrachtet, sieht die gemachte Aussage der Borderline-Persönlichkeit wie eine Lüge aus, doch für diese war es ehrlich gemeint (in diesem Moment) und für den Partner kommt es so an, als wäre der Borderline-Persönlichkeit sein Bedürfnis nach Schlaf nicht wichtig.

Tatsächlich sehen Borderline-Persönlichkeiten an anderen Menschen nur den kleinen Ausschnitt dessen, was sie in jeweiliger Situation fühlen. Sie sind vollkommen mit sich und ihrer momentanen Sicht der Welt befasst. Sie können den Menschen als ganzes nicht erfassen. Daraus entstehen Verhaltensweisen, die aus Sicht normaler Menschen als Interesselosigkeit bis hin zu vollkommener Rücksichtslosigkeit interpretiert werden. Die durch dieses Verhalten wiederholte Botschaft der Borderline-

Persönlichkeit, dass der Partner bzw. seine Bedürfnisse nicht wirklich wichtig sind, demoliert auf Dauer weiter dessen Selbstwert.

Wenn das Symptom Idealisierung/Abwertung über einen längeren Zeitraum auf die Beziehung einwirkt, beginnt der Partner in einer Abwertungsphase zunehmend Zugeständnisse machen, um wieder „Ruhe“ zu haben. Partner berichten oft von der „erholsamen“ oder „friedlichen Pause“, in denen sie wieder Kräfte schöpfen können. Im Laufe der Zeit, wenn die Abwertungen zunehmen, geht es dem Partner immer mehr nur noch darum, wieder den Zustand der „Pause“ zu erlangen. Er möchte auf der einen Seite wieder Idealisierung erleben, auf der anderen Seite braucht er die Pause in zunehmendem Maß zur Regeneration der emotionalen Kräfte. Im fortgeschrittenen Stadium entwickelt sich das Verhalten des Partners bei einer Abwertungsphase seitens der Borderline-Persönlichkeit, um des lieben Friedens willen langsam aber kontinuierlich hin zur Selbstverleugnung. Hier wird ganz besonders die zersetzende Wirkung von Borderline auf eine Beziehung deutlich.

Durch das Schwarz-Weiß-Denken der Borderline-Persönlichkeit kann sogar das Weltbild des Partners beeinflusst werden. Da bei Borderline die ganze Aufmerksamkeit auf die gestörte Person gerichtet ist, werden auch Ideale und Wertvorstellungen untergraben, die eine Bedrohung für die Aufmerksamkeit darstellen könnten.

Denn durch die eigentümliche Maßlosigkeit der Borderline-Persönlichkeit verändert sich bei den Angehörigen mit der Zeit zunehmend selbst der Blick für das rechte Maß. Der Partner, der über einen längeren Zeitraum das „Leben auf der Grenze" der Borderline-Persönlichkeit teilt, auch die schönen, die High-Phasen mit durchlebt, wird selbst in einem gewissen Maß Borderline-Strukturen annehmen. Werte wie Verantwortung oder Zuverlässigkeit verlieren an Wichtigkeit. Das vermittelte Gefühl „Genieß dein Leben in vollen Zügen" und „Nach mir die Sintflut" hat etwas sehr Reizvolles, wenn es noch dazu im Extrem gelebt wird. Hier können sich je nach Persönlichkeitsstruktur des Partners Alkohol- oder Drogenprobleme einschleichen, Probleme am Arbeitsplatz durch Nachlässigkeit entstehen. Und es können Konflikte mit anderen Menschen durch veränderte Verhaltensmuster, wie z. B. Rücksichtslosigkeit auftreten.

Die Persönlichkeit des Partners der Borderline-Persönlichkeit

So wie jeder Schlüssel sein eigenes Schloss hat und jeder Topf sein Deckelchen, ist zu sehen, dass Menschen, die an eine Borderline-Persönlichkeit geraten, selbst in ihrer Persönlichkeit ein Problem haben oder in einer persönlichen Krise stecken. Bisher hörte ich von keinem einzigen Partner eines Menschen mit Borderline, dass er am Anfang der Beziehung nicht alle möglichen Glöckchen bis hin zu warnenden Sirenen hörte. Warum ließ er sich dann trotz negativem Bauchgefühl auf diese Beziehung ein?

Es gibt uneinsichtige Verfechter, die sagen, es war Liebe bzw. das Verliebtsein, aber spätestens nach der ersten destruktiven Grenzüberschreitung, was wirkliche Werte angeht, hätten sie „Stopp“ sagen können, was sie nicht getan haben. Ganz im Gegenteil haben sie noch viele weitere und vor allem größere Grenzmisshandlungen über sich ergehen lassen.

So muss man zwangsläufig zu dem Schluss kommen, dass auch mit den Partnern grundlegend oder vorübergehend etwas nicht stimmt, denn von außen betrachtet legen die Partner unbestritten ein masochistisches Verhalten an den Tag, indem sie in einer destruktiven Partnerschaft mehr oder weniger lang verharren.

Die Theorie der komplementären Persönlichkeitsstörung des Partners soll noch einmal an einem Beispiel verdeutlicht werden. Eine Borderline-Persönlichkeit mit ihrer Sucht nach Schutz und Geborgenheit gerät an einen Menschen, der hinter seiner Fassade der extremen Selbstsicherheit, ein tiefes Unsicherheitsgefühl verbirgt. Hier werden auf beiden Seiten defizitäre Bedürfnisse gestillt. Die Borderline-Persönlichkeit wird vom Partner „geführt“ und fühlt sich beschützt. Der Partner wird durch die Borderline-Persönlichkeit mit „Anhimmeln“ über sein Unsicherheitsgefühl hinweg getäuscht. Ein weiteres Beispiel wäre eine Person, die ihre eigene Identität daran knüpft, für andere da zu sein und „erlöst“ scheinbar die Borderline-Persönlichkeit von der Unfähigkeit, Verantwortung zu übernehmen.

Aufgrund dieser Tatsache soll das Verhalten der Partner von Borderline-Persönlichkeiten nun aus dem Blickwinkel der Co-Abhängigkeit betrachtet werden. Die Störung der Co-Abhängigkeit ist zwar im Zusammenhang mit Borderline nicht wissenschaftlich untermauert, jedoch finden sich bei Partnern von Borderline-Persönlichkeiten viele Parallelen zu dieser Störung

Der Begriff Co-Abhängigkeit wurde geprägt als man erkannte, dass Angehörige von Alkoholikern mit ihrem eigenen Verhalten ein großes Maß zur Abhängigkeit von Alkoholikern beitrugen und eine Heilung der Sucht schwierig wurde, wenn nicht auch die Angehörigen ihr Verhalten änderten

Aufgrund weiterer Beobachtungen der Angehörigen und ihres Verhaltens entdeckte man, dass sie selbst gestörte Verhaltensweisen an den Tag legten, die bei allen Angehörigen ähnlich waren.

Co-Abhängige sehen zwar die Destruktivitäten eines Süchtigen, verbünden sich aber wissentlich oder unwissentlich mit dem Abhängigen und unterstützen damit seine Sucht. Meist tun sie dies oberflächlich betrachtet aus Gründen wie Naivität, Hilflosigkeit oder schlechtem Gewissen.

Sie meinen, wenn Sie den Abhängigen nur genug lieben und/oder unterstützen, dann wird er sich ändern und es wird alles gut. Aus falsch verstandener Solidarität besorgen sie ihm gegebenenfalls seinen Stoff, leihen ihm Geld, regeln sein Leben und tun alles für ihn.

Im Fall Borderline käme man auf genau das gleiche Muster, wenn das Wort Abhängiger durch psychisch Kranker ersetzt wird. Partner von Borderline-Persönlichkeiten sehen, dass etwas mit ihrem Partner nicht stimmt, verbünden sich aber mit ihm und bieten ihm weiterhin einen Nährboden für seine Krankheit. Sie nehmen ihm die Verantwortung ab, regeln sein Leben und tun alles für ihn.

Die Kriterien einer klassischen Co-Abhängigkeit sind

- Andauerndes Investieren von Selbstwertgefühl in die Fähigkeit, sich selbst und andere zu kontrollieren trotz der Augenscheinlichkeit, dass es ernsthafte nachteilige Konsequenzen mit sich bringt

- Die Überzeugung, für die Befriedigung der Bedürfnisse anderer verantwortlich zu sein, und zwar in einem Ausmaß, dass die eigenen Bedürfnisse nicht mehr wahrgenommen werden. Bereitschaft zur Selbstaufgabe für den anderen. Übernahme von Verantwortung für den anderen und nicht mehr für sich selbst. Sich unentbehrlich machen. Auf eigene Kosten andere glücklich machen wollen. Die Überzeugung, der einzige Retter zu sein, danach wäre der Abhängige mir ein Leben lang verpflichtet. Märtyrermentalität, Helfersyndrom

- Das Gefühl, alles besser machen müssen, das Beste ist nie genug. Unerschütterliche Hoffnung gepaart mit der Erwartung, etwas Positives bewirken zu können. Geringste Erfolge werden als großer Fortschritt interpretiert. Perfektionismus, übermäßige Gewissenhaftigkeit

- Verstrickung in Beziehungen mit Persönlichkeitsgestörten, Abhängigen, anderen Co-Abhängigen und/oder impulsgestörten Individuen

- Beziehungssucht, Missbrauch einer Beziehung für den ultimativen Kick, z. B. SehnSUCHT nach Liebe, ohne Beziehung fühlt man sich als nichts

- Mangelndes Abgrenzungsvermögen, der Partner weiß nicht, wo er anfängt und andere aufhören, Gefühle, Verwirrung anderer greift auf ihn über. Angst- und Abgrenzungsstörungen in Zusammenhang mit Intimität (Nähe) und Trennung (Distanz). Übertriebene Nachgiebigkeit. Unfähig zu erlauben zu versagen

- Existenzberechtigung wird ausschließlich von anderen abgeleitet. Unfähigkeit, für sich selbst zu bestimmen. Unsicherheit und Abhängigkeit von anderen im Bezug auf die eigenen Werte. Niedriges Selbstwertgefühl, „ich verdiene nichts besseres"

- Misstrauen der eigenen Wahrnehmung gegenüber, schwaches Selbstbild, unfähig, den Blick auf sich selbst zu richten (es ist leichter, über Probleme anderer nachzudenken als über die eigenen)

- Vermehrter Verlust von Kontakt zu eigenen Gefühlen durch die ständige Erwartungserfüllung anderer, Verzerren von Gefühlen, dem Heile-Welt-Selbstbild entsprechen. Unfähigkeit, eigene verletzte Gefühle wahrzunehmen

- Selbstbezogenheit im Zusammenhang mit dem ständigen Gefühl zu vermitteln, als könnte und müsste er alles in Ordnung bringen. Vermehrte Außenorientierung

- Ausgeprägte Leichtgläubigkeit

- Verlust der eigenen inneren Moral, der ureigensten Werte

- Vernachlässigung der eigenen Person

- Hingezogensein zum Drama, zur Leidenschaft und Märchen, Seelenverwandtschaftsglaube

Jeder Angehörige einer Borderline-Persönlichkeit wird sich wohl in obiger Liste wieder finden, wenn auch in verschieden starker Ausprägung. Menschen, die öfter in eine Beziehung zu einer Borderline-Persönlichkeit geraten, sind als besonders problematisch einzustufen, denn hier scheint eine ausgeprägte Störung vorhanden zu sein. Im

Gegensatz zu denen, die nur einmal mit Borderline in Kontakt geraten sind, und infolge davon geheilt sind. Aber in beiden Fällen sind die Ursachen zu klären. Oft lassen sich Partner aufgrund einer vorübergehenden persönlichen Krise auf eine Borderline-Persönlichkeit ein. Das kann in Phasen intensiver Selbstfindung entstehen, in der Midlife-Crisis, während oder nach dem Erleben eines traumatischen Ereignisses. Auf jeden Fall ist die Sinnfrage auf irgendeine Weise gestellt worden.

Eine gewisse narzisstische Tendenz lässt sich in der Co-Abhängigkeit zu einer Borderline-Persönlichkeit nicht abstreiten. Das lässt sich aus der Tatsache schließen, dass sich Menschen mit co-abhängigem Verhalten, zumindest für eine Zeitlang, in der Lage fühlen, eine Borderline-Persönlichkeit in den Griff zu bekommen, sie zu „heilen", sie gleichzeitig therapeutisch und auf der Beziehungsebene zu unterstützen mit der Idee, es würde alles gut werden. Sie halten sich für grenzenlos belastbar und sind davon überzeugt, dass es ihnen auferlegt wäre, diesen einen Menschen zu erretten.

Ursachen für co-abhängiges Verhalten

Menschen mit co-abhängigem Verhalten sind meist in ihrer Kindheit, wie Borderline-Persönlichkeiten auch, misshandelt worden. Hierzu zählt verbale wie emotionale Misshandlung, Vernachlässigung oder Konfrontation mit destruktivem Verhalten in der Herkunftsfamilie. Eine nicht bewiesene Theorie ist, dass die Kindheit eines Menschen mit co-abhängigem Verhalten analog der Kindheit einer Borderline-Persönlichkeit in Bezug auf Destruktivität abgelaufen ist.

Auch hier könnte sich in der frühkindlichen Phase, in der sich Selbst- und Objektrepräsentanz auseinander entwickeln sollen und die Gut-Böse-Konstellation überwunden werden muss, durch Überforderung eine Störung entwickelt haben.

In der Folge könnte es sein, dass im Gegensatz zur Borderline-Persönlichkeit die co-abhängige Persönlichkeit dennoch Grenzsetzungen in ihrer Kindheit erlebte und somit sich ihre Störung introvertiert entwickelte. Diese zeigt sich dann beim Erwachsenen in Form von Selbstaufgabe und einer helfenden Opferrolle, während die Borderline-Persönlichkeit die Störung in extrovertierten Verhaltensmustern auslebt.

Das Hauptproblem der mangelnden Selbstachtung der co-abhängigen Persönlichkeit im Fall Borderline ist sehr deutlich daran zu erkennen, welche oft tiefsten Verletzungen und Demütigungen sich Partner von Borderline-Persönlichkeiten bieten lassen und das teilweise über einen langen Zeitraum.

Ein Mensch mit einer gesunden Selbstachtung würde sich nie auf solch eine Beziehung einlassen. Aus der geringen Selbstachtung ergibt sich zwangsläufig die Schwierigkeit, eigene Bedürfnisse zu artikulieren. Für die meisten ist es sogar schwierig, die eigenen Bedürfnisse zu erkennen, da sie lernen mussten, diese zugunsten anderer zu ignorieren. Im Laufe der Zeit, in der die Bedürfnisse ständiger Verdrängung unterlagen, ist der Zugang dazu teilweise oder ganz verloren gegangen.

Daraus ergibt sich, dass zwar keine oder kaum eigene Bedürfnisbefriedigung stattfindet, aber eine gewisse Befriedigung daraus entsteht, wenigstens die Bedürfnisse anderer befriedigt zu haben. Aus der Problematik heraus, kein Gefühl für eine reale Daseinsberechtigung zu haben, entsteht die ausgeprägte Schwierigkeit, Grenzen zu setzen. Ein Kind, dessen natürliche Grenzen ständig in der Kindheit verletzt wurden, dem vermittelt wurde, dass er keinen Wert hat bzw. weniger wert ist als andere, hat auch als Erwachsener nicht das Selbstbewusstsein (er ist sich seiner selbst nicht bewusst), seine eigenen Grenzen zu erkennen, geschweige denn diese in der Außenwelt zu setzen.

Im Fall Borderline ist diese Schwierigkeit geradezu fatal, da Borderline-Persönlichkeiten die Welt als Zitze sehen, in der jeder und alles dazu da ist, ihn zu nähren. So steht der Partner vor der riesigen (letztendlich unerfüllbaren) Forderung, der Borderline-Persönlichkeit alles und noch mal alles zu geben bzw. sich alles gefallen zu lassen.

Wenn also ein Mensch nie gelernt hat Grenzen zu setzen ist es ganz besonders bei Borderline, wo ja in umgekehrter Richtung auch keine Grenzen vorhanden sind, vorprogrammiert, dass hier große Probleme entstehen. Um beim eingangs erwähnten Beispiel des Topfes und seines passenden Deckels zu bleiben, ergänzen sich die Störungen bei einer Beziehung zwischen Borderline-Persönlichkeiten und Menschen mit co-abhängigem Verhalten bezüglich Grenzen nahezu perfekt.

Auszugsweise der Text aus der Single ***„Du bist nicht allein“*** aus dem Projekt „Zeichen der Zeit“. Die Texter hatten wahrscheinlich nicht unbedingt an Partner von Borderline-Persönlichkeiten und die Borderline-Problematik gedacht, jedoch trifft die Aussage den Kern:

Du bist nicht allein

Kann hier bei dir sein, hier bist du nicht allein,

wenn die Tage kürzer werden und der Wind vom Norden weht,
wenn das Lachen verklungen ist und du am Fenster stehst,
wenn die Zeiger lauter schlagen und es rinnt durch deine Hand,
wenn das Glück wie ein Sommer war, den du nicht halten kannst,

If you dreamt of the truth, but your dream didn't came alive
if you fought for freedom, but you got lost more you try
and nothing goes your way and you become too scared to try
you stop believing in yourself, but the teardrops much to high

Während andre hinter deinem Rücken Schwerter zücken, bauen wir goldne Brücken,
aus goldnen Stücken und füllen die Lücken mit dem Glück des Erlösers aus der Hand des Größten,
egal was kommt, egal wer geht, welche Front morgen noch steht, wir bauen die Mauer der Liebe mit Zaun,
so bedauern wir Babilons Power

Wenn dein Herz nicht schlafen kann, weil die Sehnsucht die Sehnsucht sucht,
wenn du endlich da bist, doch du spürst, dass du weiter musst,
wenn der Nordwind nach dir sucht, und dich fragt ob du mit ihm ziehst,
und du musst dich entscheiden, wo deine Liebe ist

Komm zur Ruh, ich hör dir zu, ich kann hier bei dir sein,
du musst nicht mehr fliehen, nicht weiterziehen

hier bist du nicht allein...

Das Zwölf-Schritte-Programm

Das Zwölf-Schritte-Programm wurde ursprünglich für die anonymen Alkoholiker konzipiert, aber auf jede Sucht, so auch die Co-Abhängigkeit, anwendbar. Zur Selbstreflexion und Einstimmung auf die zwölf Schritte hier eine Liste von Fragen und Antworten, die Sie auf Richtigkeit für Ihr momentanes Leben überprüfen sollten:

In der Co-Abhängigkeit hängen meine guten Gefühle davon ab, dass du mich magst - In der Genesung hängen meine guten Gefühle davon ab, dass ich mich mag.

In der Co-Abhängigkeit hängen meine guten Gefühle von deiner Achtung meiner Person ab - In der Genesung hängen meine guten Gefühle von meiner Selbstachtung ab.

In der Co-Abhängigkeit beeinflusst dein Kampf meine Ruhe und Gelassenheit - In der Genesung spielt dein Kampf für mich eine Rolle, weil ich mich um dich sorge, aber er kontrolliert nicht, wie ich über mich selbst empfinde.

In der Co-Abhängigkeit wird meine Selbstachtung dadurch gestärkt, dass ich deine Probleme löse und deine Muster erkenne - In der Genesung kommt meine Selbstachtung daher, dass ich meine Probleme löse und manchmal meine Muster erfahre.

In der Co-Abhängigkeit konzentriert sich meine Aufmerksamkeit darauf, dir zu gefallen - In der Genesung gefalle ich mir, selbst wenn es dir nicht gefällt.

In der Co-Abhängigkeit konzentriere ich mich darauf, dich zu schützen. - In der Genesung schütze ich mich, selbst wenn ich dich dadurch manchmal ungeschützt lasse, ich weiß, dass du auf dich selbst aufpassen kannst.

In der Co-Abhängigkeit verstecke ich meine Gefühle, indem ich dich manipuliere, etwas auf meine Weise zu tun - In der Genesung sage ich die Wahrheit über meine Gefühle, unabhängig von den Konsequenzen.

In der Co-Abhängigkeit schiebe ich meine Hobbies und Interessen beiseite, deine Interessen stehen im Vordergrund - In der Genesung verfolge ich meine Hobbies und Interessen, selbst wenn das bedeutet, Zeit von dir getrennt zu verbringen.

In der Co-Abhängigkeit schreibe ich dir deine Kleidung, dein Verhalten und deine Erscheinung vor, denn du bist eine Spiegelung meiner Person - In der Genesung lasse ich zu, dass du dich kleidest, erscheinst und verhältst, wie du es möchtest, unabhängig davon, wie ich mich dabei fühle.

In der Co-Abhängigkeit weiß ich nicht, was ich will, ich frage dich und bin mir nur darüber bewusst, was du willst - In der Genesung kenne ich nicht nur meine Wünsche und

Bedürfnisse, ich spreche sie aus und handle, um sie zu erfüllen.

In der Co-Abhängigkeit sind die Träume, die ich von der Zukunft habe, untrennbar mit dir verbunden - In der Genesung gehören meine Träume mir, selbst wenn du darin nicht vorkommst.

In der Co-Abhängigkeit bestimmt die Furcht vor deiner Wut, was ich sage und tue - In der Genesung habe ich keine Kontrolle über deine Wut, und sie hat keine Kontrolle über mich.

In der Co-Abhängigkeit nutze ich das Geben, um mich in der Beziehung sicher zu fühlen - In der Genesung kann ich geben, wenn es mir Freude macht, ich kann es aber auch lassen, weil es nicht der Furcht oder der Sicherheit dient.

In der Co-Abhängigkeit verringern sich meine sozialen Kontakte, sobald ich mich mit dir einlasse - In der Genesung hoffe ich, dass du meine Freunde magst. Wenn nicht, werde ich es verstehen, und akzeptieren, mich aber weiterhin mit ihnen treffen.

In der Co-Abhängigkeit lege ich meine Werte beiseite, um mit dir zusammen zu sein - In der Genesung gehören meine Werte mir. Als Kern meines Seins sind sie umumstößlich.

In der Co-Abhängigkeit schätze ich deine Meinung und deine Art, Dinge zu tun, höher ein als meine - In der Genesung schätze ich deine Art und dein Verhalten, aber nicht auf Kosten meiner.

In der Co-Abhängigkeit steht die Qualität meines Lebens in untrennbarem Zusammenhang mit deiner Lebensqualität - In der Genesung gibt es klare Grenzen, die meine Lebensqualität von deiner unterscheiden und trennen.

In der Co-Abhängigkeit sage ich alles frei heraus, suche Intimität gleich beim ersten Treffen, verliebe mich, ohne wirkliche Informationen darüber zu haben, wer du bist und was du beitragen kannst und willst - In der Genesung lasse ich mir Zeit, lasse Freundschaften entstehen, ich bin nicht von dir überwältigt und kann unangemessenes Verhalten erkennen und darauf reagieren.

In der Co-Abhängigkeit übernehme ich automatisch die Verantwortung, wenn es sonst keiner tut, indem ich sage, „einer muss es ja machen". „Einer" bin immer ich - In der Genesung spüre ich, dass ich die Wahl habe, indem ich es an eine höhere Macht abgebe und darauf vertraue, dass für den anderen gesorgt ist, auch, wenn es nicht durch mich geschieht. (Original: http://www.coda-deutschland.de)

Die zwölf Schritte haben meditativen Charakter bzw. den Zweck, Satz für Satz zu verinnerlichen und darüber nachzudenken. Sie sind nicht als eine Art Gebet zu verstehen. Viele Leser werden bei den folgenden Sätzen eine Abneigung fühlen oder gar mit völliger Verständnislosigkeit reagieren. Es ist aber ratsam, das Gesagte erst einmal auf sich wirken zu lassen, bevor man es als für sich nicht stimmig beurteilt.

1. Wir gaben zu, dass wir der Co-Abhängigkeit gegenüber machtlos sind und unser Leben nicht mehr meistern konnten (*Wir gestehen uns die Machtlosigkeit ein, dass wir nicht anders handeln konnten und auch jetzt unserer Co-Abhängigkeit machtlos ausgeliefert sind. Wir sind durch unsere Co-Abhängigkeit in den Strudel einer Beziehung zu einer Borderline-Persönlichkeit geraten und konnten unser eigenes Leben, so wie wir es eigentlich führen wollten, nicht mehr leben).*

2. Wir kamen zu dem Glauben, dass eine Macht – größer als wir selbst – uns unsere geistige Gesundheit wiedergeben kann (*Wir haben gelernt, dass es noch etwas Größeres gibt, als wir es sind oder wie wir uns definieren. Die einen nennen es Gott, die anderen nennen es die höhere Weisheit oder den weisen Kern in uns. Wir sind zu der Überzeugung gelangt, dass dieses Höhere uns auch helfen kann, wieder gesund zu werden, zu dem zu werden, was uns ausmacht).*

3. Wir fassten den Entschluss, unseren Willen und unser Leben der Sorge Gottes – wie wir ihn verstehen – anzuvertrauen (*Wir haben beschlossen, dass wir uns Gott, der höheren Weisheit, dem weisen Kern wieder anvertrauen. Dass wir WISSEN, dass es Heilung für uns gibt und uns Heilung auch zusteht).*

4. Wir machten eine gründliche und furchtlose Inventur in unserem Inneren (*Wir schauen uns sehr genau an, was wir mit unserer Co-Abhängigkeit anrichten. Bei uns selbst und auch bei anderen. Welche Verhaltensweisen wir anwenden, die krank sind).*

5. Wir gaben Gott, uns selbst und einem anderen Menschen gegenüber unverhüllt unsere Fehler zu (*Wir stehen zu den gemachten Fehlern. Das tun wir vor Gott/der höheren Weisheit/der inneren Weisheit und wir sprechen mit einem Menschen darüber oder machen eine Therapie).*

6. Wir waren völlig bereit, all diese Charakterfehler von Gott beseitigen zu lassen (*Wir ergeben uns jetzt in die Sicherheit, dass Gott/die höhere Weisheit/die innere Weisheit, uns gesund machen wird. Wir sind uns darüber klar, dass wir gesund werden wollen und haben uns dazu entschieden).*

7. Demütig baten wir ihn, unsere Mängel von uns zu nehmen (*Wir erinnern uns wieder an den ersten Schritt indem wir uns klar machen, dass es einen Gott/eine höhere Weisheit/einen weisen Kern in uns gibt. Damit zeigen wir Respekt, dass es etwas Größeres gibt als wir es sind. Mit diesem Gefühl bitten wir darum, dass wir wieder gesunde Menschen werden.)*

8. Wir machten eine Liste aller Personen, denen wir Schaden zugefügt hatten und wurden willig, ihn bei allen wieder gut zu machen (*Wir übernehmen Verantwortung für*

unsere Handlungen an anderen Menschen. Das schließt auch ein, dass wir dafür Verantwortung übernehmen, mit unserer Co-Abhängigkeit zur Krankheit Borderline beigetragen zu haben)..

9. Wir machten bei diesen Menschen alles wieder gut – wo immer es möglich war – es sei denn, wir hätten dadurch sie oder andere verletzt (*Wir sehen bei Menschen mit der Borderline-Persönlichkeit ihre Krankheit und gleichzeitig sehen wir den Menschen dahinter. Wir bitten sie innerlich um Verzeihung für unser co-abhängiges Verhalten).*

10. Wir setzten die Inventur bei uns fort und wenn wir Unrecht hatten, gaben wir es sofort zu (*Wir hören nicht auf, uns und unser Handeln immer wieder selbstkritisch zu betrachten. Wenn wir wieder in alte Verhaltensmuster verfallen, machen wir uns nichts mehr vor, sondern stehen dazu).*

11. Wir suchten durch Gebet und Besinnung die bewusste Verbindung zu Gott – wie wir ihn verstanden – zu verbessern. Wir baten ihn nur, uns seinen Willen erkennen zu lassen und um die Kraft, ihn auszuführen (*Wir nehmen immer wieder Kontakt zu Gott/der höheren Weisheit/zum weisen Kern in uns auf und lernen immer mehr, unsere Handlungen durch „Bewusst Sein" zu steuern. Wir haben weiterhin Respekt vor Gott/der höheren Weisheit/dem weisen Kern in uns. Durch unser Vertrauen daran können wir darum bitten, dass wir Kraft von dort erhalten und erkennen auch kleine Zeichen des Erfolgs).*

12. Nachdem wir durch diese Schritte ein geistiges Erwachen erlebt hatten, versuchten wir, diese Botschaft an andere Menschen mit co-abhängigem Verhalten weiterzugeben und unser tägliches Leben nach diesen Grundsätzen auszurichten (*Wenn wir auf dem Weg der Erkenntnis eine Zeitlang gegangen sind, sollten wir auch dazu beitragen, anderen Menschen bei diesem Problem zu helfen).*

Mögliche Auswirkungen einer destruktiven Beziehung für den Partner

Durch die Abwärtsspirale von Geben und sich selbst vernachlässigen kann der Partner oft kaum noch klar denken, er hat einfach nur noch den Wunsch, dass es aufhört. Zu diesem Zeitpunkt hat der Partner oft eine Odyssee an tiefsten Verletzungen, Erniedrigungen, Missachtungen, Psychoterror, psychischer Gewalt und manchmal auch Tätlichkeiten ertragen.

Manche leiden bereits am Burn-Out-Syndrom, den Zustand von innerer Leere und seelischer Verausgabung, bei der Betroffene nicht nur wiederaufladbare Energien abgegeben haben, sondern in deren Substanz angegriffen und geschädigt sind. Es herrscht ein Gefühl des „Abgestorbenseins“ vor. Das „Ausgebranntsein“ wird begleitet von Erschöpfung, Lust- und Interesselosigkeit, depressiven Intervallen, einer sarkastisch-zynischen Grundeinstellung, nächtlichem Grübeln, Verzweiflung oder Selbsthass. Auf der körperlichen Ebene treten vielfach Schlafstörungen, Kopfschmerzen, Schwindel, schmerzhafte Muskelverspannungen, Verdauungsstörungen, gehäufte Infekte, Atembeschwerden, Kreislaufstörungen und plötzliche Gewichtsschwankungen auf, auch psychosomatische Störungen sind nicht selten.

Unter Umständen hat sich eine akute Belastungsstörung entwickelt. Diese Störung beginnt mit einer Art

„Betäubung", mit einer gewissen Bewusstseinseinengung, leichter Desorientiertheit und eingeschränkter Aufmerksamkeit. Man ist unfähig Reize zu verarbeiten, unruhig und überaktiv.

Im schlimmsten Fall hat sich eine posttraumatische Belastungsstörung entwickelt, die üblicherweise Folgereaktion auf ein oder mehrere traumatische Ereignisse ist, aber wenn dann tritt sie meist erst nach der Trennung auf. Man spricht von einer akuten Belastungsstörung, die weniger als drei Monate anhält, von einer chronischen mit mindestens 3 Monaten oder länger und einer dritten Gruppe, bei der sich die Störung erst 6 Monate nach dem Trauma entwickelt. Es treten aufdrängende, belastende Gedanken, Erinnerungen an das Trauma und Albträume im Zusammenhang mit dem Trauma auf. Ebenso Übererregungssymptome wie Schlafstörungen, Schreckhaftigkeit, vermehrte Reizbarkeit, Affektintoleranz, Konzentrationsstörungen, Vermeidung von Aktivitäten und Situationen, die an das Trauma erinnern, emotionale Taubheit wie allgemeiner Rückzug, Interessenverlust und innere Teilnahmslosigkeit.

Weitere Kriterien der posttraumatischen Belastungsstörung sind die übermäßige Beschäftigung mit der Person des Täters, eine unrealistische Einschätzung desselben als allmächtig, Idealisierung, paradoxe Dankbarkeit oder Mitleid mit dem Täter. Die Störung ist bekanntermaßen besonders schwer, wenn das Trauma nicht durch

Katastrophen, sondern durch Menschen verursacht wurde, weil dabei Erniedrigung und Zerstörung des Selbstwertgefühls der Betroffenen erfolgte.

Das Beziehungsumfeld, Freunde und Familie sind unter Umständen vollkommen aufgegeben worden. Eventuell ist auch noch eine finanzielle desolate Situation vorhanden. Die Selbstachtung dieses Menschen ist auf ein Minimum gesunken und er ist zutiefst verunsichert. Sein inneres Wertesystem ist meist gestört oder teilweise gar zerstört. Vertrauen, Ehrlichkeit, Zuverlässigkeit, Toleranz und Unterstützung sind zu leeren Worthülsen geworden. Gar nicht zu sprechen vom Glauben an die Liebe und an eine ehrliche, offene und unterstützende Beziehung in der Zukunft. Mit gebrochenem Herzen erscheint ihm seine Situation als großer Trümmerhaufen.

Hinweise für Angehörige von Partnern von Borderline-Persönlichkeiten

Menschen, die sich in einer Beziehung mit einer Borderline-Persönlichkeit befinden, ziehen sich häufig mehr und mehr aus ihrem früheren Umfeld zurück. Dies kann bei Freunden und Familie Traurigkeit, Sorge oder auch Unmut hervorrufen.

Dabei ist es für sie wichtig, zu verstehen, dass der Partner dies nicht unbedingt von sich aus will, sondern er durch die

Krankheit der Borderline-Persönlichkeit systematisch von der Umwelt isoliert wird.

Außerdem fühlt sich der Partner zunehmend vom Bekannten-/Freundes-/Familienkreis (soweit er noch vorhanden ist) mit dem Unglauben konfrontiert, warum er weiterhin in dieser destruktiven Beziehung verharrt. Und auch den Partnern ist dies auf eine gewisse Weise bewusst, aber sie „hängen“ so in dieser Beziehung fest und glauben weiterhin daran, dass es ein gutes Ende nehmen wird.

Häufig wird von der Umwelt des Partners bemerkt, wie die noch vor der Beziehung bestehenden, Grenzen des Partners der Borderline-Persönlichkeit systematisch untergraben und ausgehöhlt werden bzw. der Partner dies zulässt und sogar selbst in Frage stellt. Auch der Partner selbst bemerkt das, allerdings rein rational, die Gefühle sind viel stärker und dieses rationale Denken wird nur noch als traumähnliche Gedankenspielerei wahrgenommen.

Die Kritik der Umwelt kann den Partner weiter in die Isolation führen, weil er sich nicht verstanden fühlt. Auch Scham des Partners für sich selbst und für die Borderline-Persönlichkeit spielt hier eine Rolle. Denn der Partner hat den Drang, seine Beziehung und seinen Partner zu verteidigen, kann dies aber aufgrund seiner Grundwerte nicht wirklich.

Ein Teufelskreis entsteht, die Kontakte werden noch dünner, was auch weiter von der Borderline-Persönlichkeit unterstützt wird. Der Partner sitzt zwischen zwei Stühlen. Auf der einen Seite möchte er sein Umfeld nicht aufgeben, wird von dort aber nicht verstanden, wozu er auch durch seine Scham beiträgt, und auf der anderen Seite will er die Borderline-Persönlichkeit nicht aufgeben, von der aber auch Druck gegen das Umfeld ausgeht.

Deshalb ist es für die Angehörigen der Partner von Borderline-Persönlichkeiten wichtig zu wissen, welche Mechanismen hinter dem Verhalten stecken, um entsprechend zu reagieren. Kritik sollte mit viel Vorsicht und Einfühlungsvermögen geäußert werden, damit der Partner sich nicht weiter isoliert, was den Teufelskreis weiter unterstützen würde.

Auf der anderen Seite ist es jedoch notwendig, die Vorkommnisse nicht zu beschönigen, sondern beim Namen zu nennen, denn der Partner ist einer Art Gehirnwäsche unterzogen und kann die Realität und vor allem seine eigene Wertigkeit selbst immer weniger einschätzen.

Viele Angehörige von Partnern berichten von einer Persönlichkeitsveränderung, so als wäre die Person nicht wirklich sie selbst. Es kommt ihnen so vor, als wäre sie zwar räumlich anwesend, jedoch nicht wirklich „da“. Auch hier ist es wichtig, den Kontakt zu halten, unterstützend und einfühlsam für den Menschen da zu sein.

Sehr oft fühlen sich Partner, die schon getrennt sind, nicht verstanden, denn das Umfeld kann die manchmal sehr lange

Trauer des Partners nicht verstehen. Es geht ihnen mit der Zeit auf die Nerven, immer und immer wieder das gleiche „Gejammer" zu hören.

Schmerz wird nicht gewogen und gemessen
Anna Politkowskaja

Außerdem erscheint es ihnen vollkommen unverständlich, wie man an einem Menschen, der viel Unruhe und Unheil in das Leben des Partners bringt, bzw. gebracht hat, überhaupt nachtrauern kann, nach dem Motto: „sei doch froh, dass du den/die los bist".

Weil die Partner durch die Beziehung teilweise traumatisiert sind, ist es hier auch sehr wichtig, für sie da zu sein, Verständnis für die Trauer zu zeigen und gleichzeitig aber einfühlsam den „realen" Blick auf die destruktiven Vorkommnisse zu lenken. Nach einer Trennung fühlen sich viele Partner einer Borderline-Persönlichkeit paralysiert, in einem riesigen Trümmerfeld sitzend.

Das kann auch über einen längeren Zeitraum gehen, und sie sind manchmal unfähig, aus der Situation herauszukommen. Das Selbstwertgefühl ist stark angeschlagen und sie haben den Blick fürs Reale in mancher Hinsicht verloren. Hier haben sie, abgesehen davon, dass eine Therapie gemacht wird, als Unterstützung einzig und allein ihre Bezugspersonen aus früheren Zeiten.

III Wenn die Beziehung nicht mehr tragbar ist

Die meisten Partner von Borderline-Persönlichkeiten fassen erst dann einen Trennungsentschluss ins Auge, wenn Sie selbst am Ende ihrer Kräfte angelangt sind bzw. ihre eigenen letzten Grenzen der Hinnehmbarkeit überschritten wurden.

> ***Gott gebe mir Gelassenheit die Dinge hinzunehmen, wenn sie nicht zu ändern sind,***
>
> ***den Mut, Dinge zu ändern***
>
> ***und die Weisheit zwischen beidem zu unterscheiden***

Oft ist der Partner noch weiterhin der Ansicht, dass die Erfüllung der Anforderungen und Erwartungen der Borderline-Persönlichkeit doch noch zu einem guten Ende führen könnten, aber die Kräfte sind einfach nicht mehr vorhanden. Hinzu kommt, dass die Partner durch die Traumatisierung vermindert in der Lage sind, klar und strukturiert zu denken.

Dabei wäre es gerade in solch einer Beziehung wichtig, eine Trennung gut zu durchdenken und zu planen. Denn Borderline-Persönlichkeiten reagieren verständlicherweise auf Trennungen oft mit den dramatischsten Szenarien, die alle mit einkalkuliert werden sollten, um sich selbst ein großes Maß an Sicherheit und Nervenschonung zu sichern.

Trennung

Die folgenden Empfehlungen sind für Partner von Borderline-Persönlichkeiten zusammengefasst, die sich bereits zu einer Trennung entschlossen haben. Die Entscheidung für oder gegen eine Trennung kann nur selbst getroffen werden. Im Fall Borderline ist zu empfehlen, sich, mehr als bei der Trennung einer normalen Beziehung, über mögliche Konsequenzen Gedanken zu machen. Es ist zu beachten, dass typische Gedankengänge wie „es war ja alles gar nicht so schlimm" oder „ich muss mich einfach noch mehr anstrengen" immer wieder in den Sinn kommen werden. Sie sollten bei ihrem Auftreten bewusst reflektiert werden. Man sollte sich bewusst machen, dass sich eine Trennung von einer Borderline-Persönlichkeit niemals wie eine Trennung zwischen normalen Menschen abspielen wird. Es wird immer dramatisch sein.

Durch die ständigen Stimmungswechsel der Borderline-Persönlichkeit kann der Partner schon so weit konditioniert sein (Wechsel Idealisierung/Abwertung), dass er stets denkt, nach einer schlechten Zeit würde alles wieder gut werden. Hier sollte man sich auch den umgekehrten Fall vor Augen führen, dass nach der Idealisierungphase auch wieder eine Abwertungsphase folgen wird und dass meistens die Abwertung auf Dauer überhand nimmt.

Ebenso ist das Denken durch die verwirrenden Gefühlsbäder stark beeinträchtigt und aus diesem Grund sollte hier ein ständiger Kontakt zu Freunden/Familie oder evtl. zu einem Therapeuten aufgenommen werden, um in dieser Situation ein dauerhaftes Feedback zu erhalten und auch um Einsamkeitsgefühlen entgegenzuwirken.

Ist der Partner durch das Borderline-Verhalten bereits in einem akuten Erschöpfungszustand, sollte, bevor die Trennung vollzogen wird, durch einen möglichen Abstand bzw. innerer Distanz, erst einmal ein Minimum an Energiereserven aufgebaut werden

Durch eine Trennungsabsicht werden typischerweise beim Partner Schuldgefühle ausgelöst, einen kranken Menschen im Stich zu lassen. Hier sei angemerkt, das diese Gefühle stark aus dem Bereich der Co-Abhängigkeit entstehen und wie beim Alkoholismus kann man dem Partner nicht helfen, solange keine Selbsteinsicht beim Betroffenen vorhanden ist.

Neigt der Betroffene zu Selbstverletzung oder gar zum Suizid, so sind alle Verhaltensregeln wie Hinzuziehung von medizinischem Personal, öffentlichen Behörden oder der Polizei, einzuhalten, jedoch darf die Verantwortung nicht übernommen werden. Es ist die Bewusstmachung notwendig, dass niemand für die Handlungen anderer Personen Verantwortung trägt.

Es sollte sich stets bewusst gemacht werden, dass der Partner einer der Auslöser des Borderline-Verhaltens ist, solange er sein co-abhängiges Verhalten beibehält.

Manchmal ist es hilfreich, vor einer Trennung mit einem Therapeuten Kontakt aufzunehmen, um die Gefühle etwas zu stabilisieren und der in der Trennungsplanung bestärkt. Idealerweise wäre es ein Therapeut mit Erfahrung in der BPS. Dies ist auch hilfreich nach der Trennung, denn die Aufarbeitung ist meist auch sehr schwierig.

Ebenso ist manchmal hilfreich, sich mit einem Anwalt in Verbindung zu setzen, um die rechtlichen Konsequenzen über die gemeinsame Wohnung, Vermögen und gesetzliche Schutzmöglichkeiten zu erfragen. Es existiert seit noch nicht langer Zeit in Deutschland das Gewaltschutzgesetz, in dem klar festgelegt wird, dass häusliche Gewalt, auch emotionale, das zwangsweise Verlassen der Wohnung des Gewalttätigen und/oder ein Näherungsverbot erwirkt werden kann. Dies kann im akuten Notfall für eine gewisse Zeit von der Polizei ausgesprochen werden, muss aber dann im Folgenden über das Gericht beantragt und verlängert werden. Allerdings ist das Gesetz noch nicht so richtig in vollem Ausmaße bei Polizei und Justiz angekommen. Dies besonders, wenn kein „Blut geflossen" ist, dann wird emotionaler Missbrauch häufig nicht ernst genommen bzw. heruntergespielt. Dennoch gilt, dass rein gesetzlich der Missbrauchte Rechte hat, gegen den Missbraucher vorzugehen und dieser Weg sollte, besonders im Falle von körperlicher Gewalt, gegangen werden.

Eine Verhaltensweise, die nicht nur für rechtliche Seite von Bewandtnis ist, sollte auf jeden Fall beherzigt werden. Da

Partner von Borderline-Persönlichkeiten dazu neigen, destruktive Vorkommnisse zu verharmlosen oder sogar zu „vergessen“, ist es außerordentlich hilfreich, alle vorgekommenen Beleidigungen, Psychoterrorakte und missbrauchenden Handlungen aufzulisten, um bei einem eventuellen späteren Rechtsstreit ein Gesamtbild der Situation abliefern zu können. Das Zusammenfassen der Ereignisse hat jedoch einen noch weiteren wichtigen Effekt und kommt dem Partner selbst zugute. Da er in den folgenden Wochen und Monaten immer wieder Phasen des Zweifelns erleben wird, kann ihn diese Liste bei Bedarf wieder auf den Boden der Tatsachen stellen kann.

Es geschieht nicht unerheblich oft, dass dem Partner kein Glaube geschenkt wird, sei es von seinem Umfeld oder auch von der Öffentlichkeit, denn Borderline-Persönlichkeiten tragen ihre destruktiven Seiten meistens nicht in die Öffentlichkeit, sondern leben diese nur mit den engsten Bezugspersonen aus und hinterlassen dadurch in der Außenwelt oft einen normalen Eindruck. Es ist auch möglich, dass Borderline-Persönlichkeiten aus verletztem Stolz im Umfeld des Partners intrigieren. Auch hier kann die oben genannte Liste von erheblichem Vorteil sein.

Steht der Trennungsentschluss fest, sollten, egal wie stark die Ausprägung der Störung beim Partner ist, Vorkehrungen getroffen werden, die auch konsequent umgesetzt werden, um die Trennung auf ein Mindestmaß an emotionalem Stress zu reduzieren. Durch die Vorkehrungen werden sowohl dem Partner als auch der Borderline-Persönlichkeit ganz klare Grenzen gesetzt. Da in der Beziehung das Hauptmerkmal Grenzverletzungen waren, bedeutet konsequentes Einhalten der Vorkehrungen für beide Seiten extremen Stress und verlangt vom Partner der Borderline-Persönlichkeit zusätzlich zum Trennungsschmerz noch ein ungewohntes Maß an Konsequenz.

Alle im Vorfeld überlegten Schritte sollten genau ausgeführt werden und keinerlei Ausnahmen gemacht werden. Wenn der Kontakt ganz abgebrochen wird, was zuerst einmal empfehlenswert ist, sollte man konsequent dabei bleiben. Falls dies nicht möglich ist, zum Beispiel bei gemeinsamen Kindern, empfiehlt es sich, eine neutrale Person wie einen Rechtsanwalt, einer Person einer Sozialstelle oder einen guten Freund mit einzubeziehen.

Die im Folgenden aufgeführten Hinweise sind mehr für die extrem ausgeprägte, zu aggressiven Handlungen und zur Bedrohung neigende Borderline-Persönlichkeit gedacht. Jeder Partner sollte sich im Vorfeld ein genaues Szenario vorstellen, wie die Borderline-Persönlichkeit auf Trennung reagieren könnte und im Anschluss daran angemessene Vorkehrungen treffen:

- Alles Räumliche im Vorfeld organisieren, wie z. B. Wohnung, Umzugswagen, Helfer (bevorzugt fremde Menschen, die nicht in die Situation involviert sind)

- Evtl. im Vorfeld die Polizei benachrichtigen, damit das Revier schon vorher über die Situation Bescheid weiß, dies auf jeden Fall, wenn das Gewaltschutzgesetz angewendet werden soll, damit auch der „Ernst der Lage“ von dortiger Stelle erkannt wird, auch wenn kein „Blut fließt“

- alle möglichen Gegenstände aus der Wohnung entfernen, für die man später als Geisel gehalten werden könnte, z. B. wichtige Unterlagen, Wertgegenstände

- Die Trennung erst beim Zeitpunkt des Auszugs mitteilen

- Eventuelle Waffen aus der Wohnung entfernen

- Bei Auszug die Adresse geheim halten, möglichst Handynummern, E-Mail-Adressen ändern.

- Evtl. Arbeitgeber informieren sowie auch andere Menschen, bei denen man im Fall von Psychoterror erpressbar wäre.

Hilfreich ist auch, im Vorfeld eine Liste nach dem Best-/Worstcase-Prinzip zu erstellen, um die Trennung strategisch bestmöglich zu vollziehen. Hierbei werden links auf einem Papier die einzelnen Schritte aufgezeigt, die notwendig sind, bis die Trennung vollzogen ist, z. B. „Der Partner soll aus der Wohnung ausziehen“. In der Mitte des Papiers werden die bestmöglichen Ergebnisse aufgelistet, die man sich vorstellen kann, z. B. „der Partner hat Einsicht und verlässt freiwillig die Wohnung“. In der rechten Spalte, werden die schlechtestmöglichen Ergebnisse notiert, z. B. „der Partner droht mit Suizid, randaliert und/oder veranstaltet Psychoterror“. Diese Liste hat zum einen den Vorteil, dass man sich dadurch einen Überblick verschaffen kann, was noch alles zu tun ist. Zum anderen ist man mit dem Blick auf den schlimmsten Ausgang eines Schrittes besser gewappnet, einer Situation entgegenzutreten, als wenn man von ihr überraschend getroffen wird. Zusätzlich sollte man sich zu den jeweiligen Worstcases weitere Schritte überlegen, die im Falle eines negativen Ausgangs zu tun wären.

Auch wenn es auf den ersten Blick absurd klingt, sollte man mit einem ganz bestimmten Worstcase rechnen, nämlich, dass der Partner nach der Trennung sein bestes Idealisierungsprogramm aufführt, um die Trennung wieder rückgängig zu machen. Darauf sollte man genauso vorbereitet sein wie auf Psychoterror und auch hier sollte man sich schon im Vorfeld Schritte dagegen überlegen.

Trennungsverarbeitung

Die Trennung von einer Borderline-Persönlichkeit wird von Partnern immer als dramatisch empfunden, dabei spielt es keine Rolle, von wem die Trennung ausging und mit welchen Verhaltensweisen die Borderline-Persönlichkeit reagiert, ob sie einen Rosenkrieg mit Psychoterror beginnt, selbstschädigendes Verhalten an den Tag legt oder plötzlich „spurlos“ von der Bildfläche verschwunden ist.

Die Empfindung der Dramatik entsteht deshalb, weil im Laufe der Beziehung durch die extremen Höhen und Tiefen eine außergewöhnliche Bindung entstanden ist, die nicht im Verhältnis zur Bindung in einer „normalen“ Beziehung stehen. Aufgrund dieser entstandenen Abhängigkeit ist die Trennung dann besonders schmerzhaft und langwierig.

> Hätte ich gewusst, wie schwierig es sein wird,
> deine Hand loszulassen,
> niemals hätte ich sie je berührt
> (unbekannt)

Noch schwieriger wird es, wenn etwa die Öffentlichkeit mit hineingezogen wurde, wie Polizei, Gerichtsbarkeit oder Ämter. Denn sich mit öffentlichen Maßnahmen gegen einen Menschen zu stellen, den man eigentlich liebt und dem man nichts Schlechtes wünscht, sondern es eigentlich in der ganzen Beziehung darum ging, für ihn zu „sorgen“, lässt die Partner in teilweise unerträgliche Ambivalenz fallen.

Hier fühlt sich der Partner in die gegenteilige Rolle genötigt, nämlich statt den Partner zu unterstützen und ihm zu helfen, fühlt er sich gedrängt Dinge zu tun, die von außen betrachtet genau das Gegenteil bewirken. Er tut ihm „Schlechtes“ an. So muss er nicht nur den Menschen loslassen, sondern auch das helfende Verhalten. Um dies zu verdeutlichen, eine Aussage einer betroffenen Partnerin: „als ich gerichtlich gegen ihn vorging, weil er mich terrorisierte, dachte ich daran, ihm einen Anwalt gegen mich zu besorgen…“.

Das Handeln des Partners rührt jedoch daher, dass seine persönliche Grenze überschritten wurde. Denn erst ab diesem Zeitpunkt ist er zur Trennung bereit. Hier begann er an sich zu denken, sozusagen an das eigene Überleben und er fühlte sich gezwungen, den Fokus von der Borderline-Persönlichkeit weg auf sich selbst zu richten, weil die Kräfte einfach nicht mehr ausreichten. Das ist auch ein weiterer problematischer Aspekt, den diese Trennungen begleiten.

Denn der Partner ist durch die, zum Ende hin, immer kräftezehrender werdende Situation meist am Ende seiner Energien angelangt und ist dann auch noch vor die Aufgabe gestellt, die traumatische Beziehung und Trennung zu verarbeiten.

Nach einer gewissen Zeit des Abstandes werden die destruktiven Handlungen erkannt bzw. gesehen und kopfschüttelnd fragt sich der Partner, was mit ihm passiert wäre. Am Anfang der Trennung verspüren viele Partner erst einmal ein Gefühl der Erleichterung und heißen die eingekehrte „Ruhe“ willkommen. Die meisten sind emotional in einem paralysierten Zustand und nur noch in der Lage, ihren täglichen Verpflichtungen nachzukommen. Manche fallen in vollkommene Lethargie oder gar Depression.

Im Laufe der Zeit überfällt den Partner der große Wunsch des „Verstehenwollens“. Es erscheint ihm zunehmend unbegreiflich, wie er in solch eine Beziehung rutschen konnte und auch unbegreiflich, was Borderline an sich bedeutet.

Es werden Gründe für das Verhalten von Borderline-Persönlichkeiten mit fast akribischer Hingabe gesucht und deshalb entwickeln sich Angehörige von Borderline-Persönlichkeiten oftmals kurzzeitig zu kleinen Fachleuten auf diesem Gebiet.

> *Noch keinen hat das Unglück gebeugt,*
> *außer wen das Glück getäuscht hat*
> (Seneca)

Im Grunde versucht der Partner durch sein ständiges Hinterfragen der Borderline-Persönlichkeit, hinter den verschiedenen Fassaden und Rollenspielen der Borderline-Persönlichkeit den Menschen zu finden. Hat er erkannt, dass die „Originalpersönlichkeit“ der Borderline-Persönlichkeit, die hinter dem Verhalten steckt, nicht oder nur schwer zu entdecken ist, ist die Gefahr gegeben, dass er an seiner Wahrnehmung in der Einschätzung anderer Menschen zu zweifeln beginnt. Die eigene Menschenkenntnis wird in Frage gestellt, was sich möglicherweise negativ auf zukünftige Kontakte zu anderen Menschen auswirkt.

Partner sollten sich bewusst sein, dass hinter dem Verstehenwollen ein tiefes Bedürfnis nach Entschuldigung seitens der Borderline-Persönlichkeit liegt, nach Sühne, Entschädigung und Ausgleich für die destruktive Beziehung und dass durch die ständige Beschäftigung mit der Borderline-Symptomatik die Vermeidung der eigenen Probleme steckt. Es geht also nicht wirklich darum, das Theoretische an dieser Persönlichkeitsstörung zu verstehen, sondern darum, die Wunden, mit denen der Partner umgehen muss, zu heilen und da hilft die Beschäftigung mit der Störung nur partiell.

Auch wenn der Partner die Krankheit in allen seinen Facetten verstanden hat, wird er dadurch seine Verletzungen von diesem einen Menschen mit der BPS nicht los. Diese Ablenkung von den eigenen, eventuell eigentlichen Problemen, die der Partner beginnt und die übermäßige Beschäftigung mit der Krankheit Borderline nach einer Trennung ist die Fortsetzung der Beziehung, denn die volle Aufmerksamkeit gilt weiter dem verlorenen Menschen, wenn auch nun auf einer anderen, einer pathologischen Ebene. Deshalb ist es während der Trauerarbeit notwendig, das Hauptaugenmerk auf sich selbst und nicht den Partner zu richten.

Groteskerweise verhalten sich viele Partner in der Trennungsaufarbeitung nach einer Variante des Schwarz-Weiß-Musters von Borderline. Sie erkennen und sehen auf der einen Seite das Krankheitsbild, aus der die destruktiven und verletzenden Verhaltensmuster entstanden sind. Hier wird die Trennung auf der intellektuellen Ebene verarbeitet und somit muss das ganze Verhalten während der

Beziehung erklärt und damit entschuldigt werden. Auf der anderen Seite stehen die ganze Wut, die tiefe Trauer, der Schmerz und die hochgradigen Verletzungen, die ja definitiv vorhanden sind.

Der Partner wird an manchen Tagen „drüberstehen", dann, wenn er die Beziehung intellektualisiert, wenn er sich die ganze Thematik der Krankheit vor Augen hält und dadurch gedanklich die Verantwortung für das Verhalten vom Ex-Partner nimmt, dann befindet er sich sozusagen in der Weiß-Phase. Das ist für ihn ein gutes Gefühl, denn weder er noch der Ex-Partner, sondern die Krankheit ist am Scheitern der Beziehung schuld.

Im Anschluss an diese Phase könnte sich die Stimmung dann langsam in Richtung Schwarz entwickeln. Der Partner wird sich vor so viel Verständnis für die Borderline-Persönlichkeit seiner eigenen Gefühle bewusst. Es wird ihm klar, dass er mit diesem Denken der Borderline-Persönlichkeit ein großes Maß an unreflektiertem Agieren erlaubt, nach dem Motto „er kann ja nicht anders". Gleichzeitig erkennt der Partner, dass er mit diesem Denken sich selbst seine verletzten Gefühle verweigert. Dann werden die destruktiven Handlungsweisen der Borderline-Persönlichkeit personalisiert und in die entgegengesetzte negative Ecke gestellt. Die Krankheit wird gänzlich ausgeblendet und die Person erscheint als der letzte Dreck, asozial, gemein und hinterhältig, Rachegedanken stellen sich ein.

Zwischen diesen beiden Extremen hin- und herpendelnd wird sich der Partner im Laufe einer angemessenen Zeit während der Trennungsverarbeitung wieder ein gesundes Maß an ambivalenter Sichtweise der Beziehung und der Borderline-Persönlichkeit erarbeiten. Wenigstens wäre dies das Ziel.

Für viele ist es hilfreich, falls noch nicht geschehen, alle destruktiven Geschehnisse, die während der Beziehung geschahen, aufzuschreiben und sich hin und wieder damit zu beschäftigen. Besonders dann, wenn der Partner wieder anfängt zu „idealisieren", sich die Sehnsucht nach den schönen Zeiten einstellt. Wie schon erwähnt, neigen Partner dazu, destruktive Inhalte der Beziehung zeitweise zu „vergessen".

Wer der Sonne entgegenwandert, lässt den Schatten hinter sich
(Fritz Wolke)

In der Trauerverarbeitung stellt sich dann häufig auch die Frage, ob Borderline-Persönlichkeiten ein Gewissen haben. Nämlich die Frage, wie ein Mensch einem anderen dieses oder jenes antun kann, ohne auch nur ein Anzeichen von wirklicher Reue zu artikulieren. Es spielt keine Rolle, ob die Borderline-Persönlichkeit weiter versucht, die Beziehung wieder herzustellen oder ob sie vollkommen „von der Bildfläche" verschwunden ist. Es hat den Anschein, als wäre nichts passiert, als würde die Borderline-

Persönlichkeit absolut keine Reue für ihre „Taten“ empfinden.

Der Partner spielt dann das ganze Beziehungsdrama noch einmal innerlich durch und kommt zu dem Schluss, dass er selbst sich „totschämen“ würde, wenn er solche Verhaltensweisen anderen zugemutet hätte. Ihm wird aber gleichzeitig klar, dass die Borderline-Persönlichkeit eben nicht so denkt und fühlt. In der Folge schwankt er wieder zwischen dem Krankheitsbild Borderline, indem dort die Erklärung für dieses Verhalten gefunden wird und der Seite, dass er es persönlich nimmt, also er es scheinbar nicht wert wäre, eine „Entschuldigung“ zu erhalten, die Liebe gelogen war usw.

Ob Menschen mit der Borderline-Persönlichkeitsstörung nun ein Gewissen haben, ist nicht eindeutig zu beantworten. Das Gewissen bildet sich in der kindlichen Entwicklung zwischen 3 bis 6 Jahren, in dieser Zeit wird das Rechts-/Unrechtsbewusstsein entwickelt. So könnte man sagen, dass bis zu dem Grad, in welchem Borderline-Persönlichkeiten in dieser Phase Grenzen erlebten, auch ihr Gewissen ausgebildet ist.

Eine weitere Problematik ist, dass die Vergangenheit bei der Borderline-Persönlichkeit meist ausgeklinkt ist und so „erinnert“ sie sich gar nicht mehr daran, was sie angerichtet hat. Und da sie vorwiegend mit sich selbst, mit den momentanen Gefühlen beschäftigt sind, ihre Handlungen auf das eigene Überleben ausgerichtet sind, kann sie einen Schaden, den sie bei anderen angerichtet haben, nicht spüren, da es ihnen an „Mit Leid“ mangelt.

Vorhandenes Verantwortungsgefühl ist bei der Borderline-Persönlichkeit eher als Reue bzw. „schlechtes Gewissen“ zu bezeichnen, wenn Handlungen persönliche Konsequenzen nach sich ziehen. Ähnlich einem dreijährigen Kind, das etwas angestellt hat und sich im Nachhinein schämt, weil es erwischt wurde und Angst vor Strafe hat.

Die Borderline-Persönlichkeit verfügt nicht über die Fähigkeit, andere ebenso als fühlende Wesen wahrzunehmen wie sich selbst. Statt „Ge-Wissen“ verfügt sie über das „Wissen“, das etwas schlecht, tabu, gemein ist, aber dieses Wissen ist nicht wirklich mit echten Gefühlen verknüpft. Hier sollte dennoch zwischen Gewissen und Scham unterschieden werden, denn Scham empfindet eine Borderline-Persönlichkeit sehr wohl.

Gewissen beinhaltet die Verantwortung gegenüber einem anderen Menschen. Das Schamgefühl, etwas falsch gemacht zu haben, bezieht sich auf die eigene Person, auf die Angst vor den Konsequenzen und ist Ausdruck einer tiefen Verunsicherung des Selbst.

Im Folgenden einige Strategien, die sich als hilfreich erwiesen haben, die Trennung besser zu verarbeiten:

- Buchführung: Erstellung einer „Inventur der Beziehung". Alle Vorkommnisse schriftlich festhalten. Eventuell auch Tagebuch über Trennungsverarbeitung schreiben. Dies kann auch in Du-Form an die Borderline-Persönlichkeit gerichtet sein.

- Gegebenenfalls fachlichen Rat einholen, eventuell eine Therapie beginnen. Auf jeden Fall aber das Gespräch mit wohlwollenden Menschen pflegen, auch wenn es schwerfällt.

- Die Trauer durchleben, den Schmerz zulassen, die Gefühle rauslassen, sich nicht gegen den Schmerz wehren, dann tut er nicht so weh. Sich aber nicht im Schmerz „baden".

- Selbstreflektieren. Sachlich analysieren: warum ist mir das passiert, was waren meine Anteile an der Beziehung? Tendiere ich dazu, mich immer wieder auf missbräuchliche Beziehungen einzulassen? Wie verlief meine Kindheit diesbezüglich?

- Sich auch klar machen, dass manchmal andere Menschen, auch die einem sehr nahe stehen, die Trauer nicht verstehen können.

- Immer wieder mal den Fokus auf die schönen Dinge des Lebens richten. Was gab es vor der

Beziehung, was Spaß gemacht hat oder gut getan hat? Was könnte es jetzt sein? Es auch tun.

- Die Ruhe genießen. Sich klar machen, dass das Chaos ein Ende hat, man nun selbst die Fäden zur Lebensgestaltung wieder in den Händen hält.

- Man mache sich klar, dass es keine Entschädigung oder Entschuldigung seitens der Borderline-Persönlichkeit geben wird, wie sie es manchmal nach Trennungen von normalen Beziehungen z. B. durch klärende Gespräche gibt.

- Das Leben wieder in die eigenen Hände nehmen, die Trümmer beseitigen, Pläne schmieden

Tränen

Meine unerfüllte Sehnsucht,
ausgelöst durch wunderschöne Träume,
ist Geburtshelfer meiner Tränen,
wenn sie in meinen Augen das Licht der Welt erblicken.
Zuerst ganz klein und unscheinbar
reifen sie recht schnell durch den Schmerz,
den ich im Innersten empfinde.
Wenn sie erwachsen genug sind
lösen sie sich von mir
und leben ihr Leben auf meinen Wangen.
So unterschiedliche Wege sie auch gehen,
gibt es nur zwei Ziele.
Die einen erreichen
die untere Begrenzung meines Gesichtes,
von wo aus sie in die Unendlichkeit fallen
um dort zu vergehen.
Die anderen sterben auf meinen Lippen
und landen in meinem Bauch.
Dort verwandeln sie sich
in einen Regenbogen
mit glitzernden, kristallenen Stufen …
… und jede dieser Stufen
lässt mein Ich wieder höher steigen
und sich selbst genauer erkennen,
als es ihm vorher möglich war.

Freyja Trorulfsdottir

Das Leben danach

Viele Ex-Partner von Borderline-Persönlichkeiten sagen, dass das Leben nach einer Beziehung mit diesen Menschen nie wieder so wie vorher ist. Manche haben im Nachhinein ihr ganzes Leben komplett neu geordnet, wie das oft nach schweren Krisen der Fall ist.

Sie haben neue Wertesysteme aufgestellt oder diese verändert, andere destruktive Beziehungen mit missbräuchlichem Charakter beendet und gehen auf eine andere Art auf Menschen zu.

Durch ihre Beziehung zu einer Borderline-Persönlichkeit haben Partner Einblick in eine völlig andere Welt erhalten. Die Welt der Extreme, der höchsten Höhen und der tiefsten Tiefen und eine Welt mit vollkommen anderen Normen und Werten. Viele erfuhren, von der Abwertung nun einmal abgesehen, eine noch nie erlebte Anerkennung und Aufmerksamkeit. Die wurden auf Händen getragen, der Rest der Welt erschien unwichtig.

Sie lernten, wie es ist, wenn nur der Augenblick zählt, nur der Moment, in dem es kein Dennoch oder Aber, oder „auf der einen und auf der anderen Seite“ gibt. Wenn die Borderline-Persönlichkeit Gefühle von Nähe, Wärme, Zärtlichkeit, Anerkennung, Liebe zeigte, dann war da nichts daneben, nichts in Frage gestellt, nichts Störendes schwang mit, sondern es war eindeutig und überdimensional groß.

Mancher Partner hat Anteile an sich entdeckt, von denen er vorher nichts wusste, geschweige denn, sich zu leben traute. Die Borderline-Persönlichkeit hat ihn dazu gebracht, diese Anteile auszuleben oder zumindest gezeigt, dass es möglich ist, diese Anteile auszuleben. Er hat den Partner teilhaben lassen an der Fahrt auf der Achterbahn des Lebens. Nichts war statisch, kein Stillstand. Alles konnte in Frage gestellt werden.

Die Borderline-Persönlichkeit hat beim Partner alle Grundwerte erschüttert und hier passt das Bild des Trümmerfeldes und soll in einem anderen Kontext gesehen werden. Denn das Haus, das jetzt in einem Trümmerfeld vor einem liegt, war sowieso schon baufällig bzw. schlecht gebaut und nach Beseitigung der Trümmer hat jeder die Chance, die nicht viele in ihrem Leben bekommen, ein neues Haus zu bauen.

Durch die Konfrontation mit dieser Persönlichkeitsstörung wurde die eigene Gefühlsehrlichkeit, das Verhaltensmuster und die Persönlichkeitsstruktur auf eine große und schwere Probe gestellt. Vielen Partnern ist erst jetzt, möglicherweise erst in der Mitte des Lebens durch diese Beziehung ihre eigene Störung vor Augen geführt worden.

Die Partner sind auf schmerzhafte Weise an ihre eigenen Grenzen gestoßen. Sie sind gezwungen worden, ihre eigenen Grenzen überhaupt einmal wahrzunehmen und sie sind jetzt schonungslos dazu verurteilt, ihre wahren Werte

für sich herauszufinden. Werte wie Vertrauen, Beziehung, Nähe/Distanz und viele andere müssen völlig neu, von den Grundmauern her, definiert werden.
Auch der Umgang mit anderen Menschen und die

> *Ich habe viel in der Krankheit gelernt,*
> *dass ich nirgends*
> *in meinem Leben hätte lernen können*
> (Goethe)

Einschätzung von anderen Menschen hat eine neue Energie. War der Partner vorher vertrauensselig und unüberlegt in seiner Begegnung mit anderen Menschen, sieht er vielleicht jetzt dadurch, dass er distanzierter betrachtet, andere Menschen viel facettenreicher als vorher. Hat er sich vorher jedem blind geöffnet, wählt er jetzt Kontakte gezielter aus und es entsteht ein Bekannten- und Freundeskreis mit viel höherer Qualität oder er hat bestimmte Qualitäten an anderen entdeckt, die er vorher nicht sah oder als selbstverständlich ansah. Er durchschaut „Spiele" von anderen leichter und kann damit besser umgehen bzw. er lernt, sich zu entscheiden ob er mitspielen will oder nicht und sich zu distanzieren.

Partner haben hier die Chance bekommen, ein ganz neues Leben zu beginnen. Manche, die lernfähig aus dieser Beziehung gegangen sind, haben ihr ganzes Leben komplett verändert Das hat sich teilweise auf alle Lebensbereiche ausgedehnt. Sie haben sich bewusst dazu entschlossen, den

Weg nach vorne anzutreten, nicht aus dem Fluchtgefühl heraus, sondern aus Überzeugung, weil sie sich ihrer eigenen Werte bewusst geworden sind.

Sie entwickeln manchmal Energien, die sie früher nicht für möglich hielten. Durch die läuternde Beziehung haben sie einen Riesenschub in Richtung Bewusstsein bekommen. Das wäre dann das Positive an dem Satz, den Partner gerne zitieren, nämlich dass sie in den Arsch getreten wurden - in der Tat.

Abschließende Betrachtung

Eine Frau mit sehr ausgeprägter BPS und viel Therapieerfahrung sagte einmal: „die Welten bleiben besser getrennt". Und tatsächlich leben Borderline-Persönlichkeiten in einer völlig anderen Welt, die normale Menschen nicht verstehen können, und genauso anders herum können Borderline-Persönlichkeiten die Welt der normalen Menschen nicht verstehen. In jeder zwischenmenschlichen Interaktion aus Beziehungen dieser beiden Welten entstehen vollkommen unterschiedliche Betrachtungsweisen.

Was in der einen Welt als ein Akt der Rücksichtslosigkeit gilt, ist in der Welt von Borderline nicht vorhanden. Borderline-Persönlichkeiten können zwar sehr wohl Rücksichtslosigkeit von anderen Menschen empfinden, aber sie selbst merken nicht, dass sie rücksichtslos sind, denn das ist gar nicht ihr Motiv. Genauso kann man es mit dem Begriff Verantwortungslosigkeit halten. Borderline-Persönlichkeiten verhalten sich bekanntermaßen verantwortungslos, aber sie empfinden es nicht so. Sie kommen auch später nicht zu dem Schluss, nur temporär oder nur theoretisch. Gewissenlosigkeit, Egozentrik, Egoismus, Vereinnahmung, Manipulation, Missbrauch. Das alles kann man Borderline-Persönlichkeiten entgegenschleudern – und mit Recht. Aber kann man ihnen denn auch mit Recht obiges vorwerfen, wenn in der Borderline-Welt die oben genannten Verhaltensweisen vollkommen andere Namen haben, die mit „unserer" Definition überhaupt nichts zu tun haben und als aufrichtig aufzufassen sind?

Was ist wenn hinter Vereinnahmung, Manipulation, Missbrauch eine tiefe Angst vor dem Verlassenwerden liegt, wenn hinter Egozentrik und Egoismus eine Identitätskrise steckt, hinter Gewissen- und Verantwortungslosigkeit Panikattacken wegen bedrohlicher Nähe stehen? Muss nicht hinter jeder Interaktion auch ein wahres Motiv stecken, um Verantwortlichkeit daraus zu schließen?

Die Lösung für dieses Dilemma, wenn es denn überhaupt eine gibt, liegt wohl darin, eine dicke Grenze zwischen den Welten zu ziehen, nicht eine ausgrenzende, sondern eine Grenze gerade um einander besser zu verstehen. Wenn beide Seiten für sich von Fall zu Fall entscheiden, ob sie aufeinander zugehen möchten, erhalten sie ihren Selbstwert, weil sie durch die Grenzen ihre jeweilige Welt in Ordnung finden. Beide Seiten haben dann die Möglichkeit, einen Blick in die andere Welt zu werfen und bestimmen selbst, ob sie sich annähern wollen, ohne Verstrickungen.

Wer seine Grenzen kennt,
kann offener auf andere zugehen
(Ernst Ferstl)

Der Ratschlag des Grenzenziehens verbirgt im Zusammenhang mit intimen Beziehungen zu Borderline-Persönlichkeiten natürlich einen besonders harten Widerspruch, denn gerade in einer Beziehung fallen Grenzen, sollen auch Grenzen fallen, das macht eine Beziehung ja intim. Und doch ist eine Beziehung zu einer Borderline-Persönlichkeit ohne Grenzenziehen nicht möglich. Weder für die einen, noch für die anderen, besteht ohne Grenzen Aussicht auf eine konstruktive Beziehung.

IV Fallbeispiele

Im Folgenden finden sich Fallbeispiele von Partnern von Borderline-Persönlichkeiten. Aus Gründen der Anonymität sind Namen und teilweise Daten verändert, die aber auf die wesentliche Aussage keinen Einfluss haben.

Sonja, 41 Jahre, 14 Monate Beziehung

Ich traf meinen Mann in einer Phase, als meine erwachsene Tochter das Haus verließ, ich meinen nie erfüllten Traum von einer „richtigen Familie" fast schon aufgegeben hatte und in einer ‚Jetzt-wird-aber-mal-gelebt-Stimmung" war. Er hatte von der ersten Stunde an eine faszinierende und erotische Wirkung auf mich. Am ersten Abend sprachen wir schon von Heirat, halb im Spaß, halb im Ernst. Als wir uns das zweite Mal trafen, wurde er ausfallend, hielt mich fest, als ich gehen wollte, ich schob dies aber auf den Alkoholkonsum. Durch Umstände, die er selbst inszeniert hatte (das erfuhr ich aber erst viel später) verlor er erst seine Arbeit und später auch seine Wohnung.

Ich nahm ihn gerne auf und da er illegal hier in Deutschland war, ernährte ich ihn und machte mir große Mühe, eine Lösung für den Aufenthalt zu finden. Letztendlich entschlossen wir uns zu heiraten, der Traum von einer „richtigen Familie" erwachte wieder, denn er wollte auch unbedingt Kinder (heute kann ich nur Gott danken, dass es nicht geklappt hat - er ist unfruchtbar - denn für ein Kind ist es wohl die Hölle mit Borderline aufzuwachsen).

In der ganzen Anfangszeit gab es zwei Welten für mich. Die eine war die schönste Liebe, die ich je erlebt hatte, die größte Aufmerksamkeit, die ich je erhalten hatte, Zärtlichkeit, Sex, Hilfsbereitschaft, meine Wünsche wurden von den Augen abgelesen. Die andere war mein ständig größer werdendes Bemühen uns zu finanzieren. Da mein Gehalt hinten und vorne dafür nicht reichte, löste ich einen Sparvertrag auf und erhöhte meinen Kredit (das gleiche tat übrigens meine Vorgängerin, seine zweite Frau auch). Bei einer Messetätigkeit im Ausland, die ich wegen der schlechten finanziellen Lage angenommen hatte, veranstaltete er Telefonterror und so waren die Telefonkosten, die er mir verursachte, größer als der Verdienst. Überhaupt hat er alles was meines war, als seines betrachtet und auch manchmal Dinge, die ich ihm geschenkt hatte, zerstört.

Nach der Anfangszeit versuchte er mich immer mehr von meiner Umwelt und auch meiner Familie zu isolieren. Er veranstaltete dann Riesendramen. Ein kleiner Auszug davon: die Küche halb auseinander genommen und auf den Boden gepinkelt; oft hat er mich festgehalten und mit sich in ein Zimmer eingesperrt, dies meist, wenn ich weggehen wollte; während der Fahrt auf der Landstraße versucht, den Zündschlüssel rauszuziehen; Telefonterror mit bis zu 80

Anrufen am Tag im Büro, Beschimpfungen, Beleidigungen, Erniedrigungen…

Wir waren dann auf meinen Wunsch bei mehreren Therapeuten und er hat sich auch einmal selbst in die Psychiatrie eingeliefert. Schließlich fanden wir einen Therapieplatz. Nach unserer Trennung hat er die Therapie aber sofort abgebrochen.

Die Eskalationen und der Terror wurden so groß, dass ich es nicht mehr aushielt und die Polizei rief, welche ihm einen so genannten Platzverweis erteilte und ich auf deren Anraten eine gerichtliche Verfügung erwirkte, dass er meine Wohnung nicht mehr betreten durfte. Er versuchte mich daraufhin noch mit Telefonterror zu erpressen, wollte dass ich mit ihm zum Ausländeramt gehen sollte, worauf ich mich aber nicht einließ. Seither habe ich nichts mehr von ihm gehört.

Seit der Trennung fühle ich mich traumatisiert, ich habe fast 10 Kilo abgenommen und starke Depressionen. Ich fühle mich zerstört und bin am Ende, emotional und auch finanziell. Ich bin sicher in eine Co-Abhängigkeit geraten - das ist mir klar geworden, weil ich ihn, trotz allem, einfach nicht vergessen kann.

Marcus, 33 Jahre, 3 Jahre Beziehung

Als ich meine Freundin das erste Mal traf, spürte ich sofort, dass sie die Richtige in meinem Leben ist. Was mich besonders an ihr faszinierte war die Sexualität, die hatte Sachen drauf, als würde sie meine Gedanken lesen können, nebenbei war sie auch noch unheimlich attraktiv und konnte sich perfekt in der Gesellschaft bewegen. Das hat meinem Ego natürlich gut getan, denn ich erkannte die neidigen Blicke der anderen Männer.

Ihre Kindchen-Phasen, die mich anfangs auch auf irgendeine Art faszinierten, wurden immer skurriler. Beispielsweise erlebte ich es, dass ich nach Hause kam, es lief Kindermusik und sie stand mit Schlafanzug und Zöpfchen in der Ecke und schämte sich. Und das, obwohl sie nach außen hin mit beiden Beinen im Leben stand und einem anspruchsvollen Beruf nachging.

Nach einer gewissen Zeit begann sie mich immer mehr zu kontrollieren, sie las meine Briefe, kontrollierte wer mich von meinem Handy aus anrief und wühlte meine Taschen durch. Als ich mir das verbat, reagierte sie mit einem riesigen Drama, sie warf mir vor, dass sie sicher wüsste, ich würde sie betrügen, obwohl hierzu überhaupt kein Anlass bestand. Einmal war in meinem Briefkasten ein an sie gerichteter anonymer Drohbrief, in dem jemand behauptete, sie solle sehr aufpassen, wenn sie sich mit mir einließ.

Daraufhin hatte sie sehr viele Ideen, wer aus meinem Bekannten- und Freundeskreis diesen Brief wohl geschrieben hätte. Als ein zweiter solcher Brief kam, machte ich mir ernsthafte Sorgen, später fand ich die genau auf die Drohbriefe passenden Zeitungsschnipsel in einer Schublade. Sie hatte sich nicht einmal die Mühe gemacht, diese verschwinden zu lassen. Als ich sie deshalb zur Rede stellte, wurde sie sehr aggressiv und behauptete, ich hätte sie dazu getrieben.

Dieses Verhalten war übrigens typisch für sie, sie hatte unheimliches Talent, die Tatsachen zu verdrehen, eindeutige Schuld, die sie trug, letztendlich mit hanebüchenen Argumenten mir in die Schuhe zu schieben. Die Diskussionen wurden so ermüdend, dass ich meistens um des lieben Friedens willen aufgab. Wenn ich selbst gefühlsmäßig so aufgewühlt war und ihr konsequent entgegentrat, wurde sie zuckersüß und setzte die bei mir immer erfolgreiche Strategie ihrer Weiblichkeit ein.

Während unserer dreijährigen Beziehung hat sie sich mindestens 15 Mal Hals über Kopf von mir getrennt. Es war immer das gleiche Muster, es gab Streit aus meist nichtigem Anlass, sie randalierte in meiner Wohnung, zerschlug dann gerade die Dinge, an denen mein Herz besonders hing und war für Tage verschwunden. Danach kam sie wieder, als wäre überhaupt nichts gewesen und als hätten wir uns gerade noch vor fünf Minuten gesehen.

Ich erfuhr am Ende der drei Jahre, dass sie mich (wahrscheinlich jedes Mal) während ihrer „Trennungen" mit verschiedenen Männern betrogen hatte. Als ich sie zur Rede stellte, meinte sie, dass mich das nichts angehen würde, weil wir in der Zeit getrennt waren. Dieses Fremdgehen hat mich so sehr verletzt, dass ich mich von ihr getrennt habe.

Die Trennung ist jetzt 18 Monate her und ich sehe die Welt immer noch grau in grau. Ich erlebe keine wirkliche Freude mehr in meinem Leben. Obwohl ich vom Kopf her weiß, dass es eine Krankheit ist, komme ich immer noch nicht mit den Verletzungen klar.

Auch andere Frauen sind für mich nicht mehr relevant, ich habe das Gefühl, dass meine Ex-Freundin an keine andere Frau rankommen wird.

Carina, 28 Jahre, 1,5 Jahre Beziehung

Mein Freund ist sehr launisch, manchmal behandelt er mich wie eine Prinzessin, dann nennt er mich auch so, und manchmal behandelt er mich wie den letzten Dreck. Wenn er so drauf ist, dann kann ich nichts recht machen, er sieht dann nur, was ich falsch mache oder nicht gemacht habe. Er schreit mich an, kritisiert mich ständig und macht mich aufs Übelste runter, sagt dass ich ihn nerve, er keinen Bock mehr hat und dass ich dumm bin.

Zu unserem Hund ist er manchmal zärtlicher als zu mir und zeitweise muss ich im Wohnzimmer auf der Couch schlafen, weil er seine Ruhe will. Dann schläft er mit dem Hund in unserem Bett. Wenn ich mit ihm über meine Gefühle reden will, flippt er komplett aus und sagt, ich kotze ihn an und solle mich verpissen und so eine Schlampe wie mich findet er sowieso an jeder Ecke und es sei ihm vollkommen egal, was mit mir ist. Nach solchen Streitigkeiten hat er mich schon unzählige Male aus der Wohnung geworfen, einmal hat er mich sogar die Treppe runtergeworfen. Tage danach kommt er immer wieder an, super bemüht und überhäuft mich mit Liebe und Komplimenten.

Er ist immer extrem in allem, was er tut, egal, ob er Sport macht, Auto fährt, trinkt, Überzeugungen oder Abneigung hat. Entweder ist er total übermütig oder total am Boden zerstört oder eben extrem aggressiv.

Er gilt in unserem Bekanntenkreis als lieber, charmanter, hilfsbereiter Mensch, dabei habe ich mitbekommen, wie er mich als Hexe darstellt, besonders bei meiner Familie, die jetzt auch nichts mehr mit mir zu tun haben will, obwohl ich mit ihnen keinen Streit hatte.

Wenn er wieder ausflippt, sagt er immer, du weißt doch, dass ich Borderliner bin; aber er sagt auch gleichzeitig, dass es eine Erfindung von irgendwelchen Psychologen sei, die selber gestört sind. Wenn ich ihn bezüglich Therapie anspreche, habe ich keine Chance. Er meinte, ich wäre

Schuld an seinem Ärger oder wenn er ausflippt, hätte ich ihn provoziert, manchmal wüsste er selber nicht genau mit was, aber wenn ich manchmal irgendwie rede, könnte er schon ausflippen. Es sagt immer, er wäre halt keiner dieser Normalos, er passt eben in keine Schublade

Manchmal frage ich mich, warum tue ich mir das an bzw. liebe ich diesen Mann überhaupt so sehr, sind das Erinnerungen an phantastische Zeiten zwischen uns, die mich das alles ertragen lassen? Und mittlerweile denke ich, dass ich schon selber irgendwie psychisch erkrankt bin. Früher war ich ein selbstbewusster, ausgeglichener, starker, fröhlicher Mensch … jetzt bin ich ängstlich, verunsichert, scheu, ohne Selbstvertrauen - mit gebrochenem Herzen.

Dabei habe ich ihm alles von mir gegeben, 100% vertraut, liebe ihn abgöttisch, tue alles für ihn, verzeihe ihm alles und doch ist es ihm nie genug, er hat immer neue Erwartungen, ist immer wieder schlagartig verändert, und dass was ich vorher gemacht habe, zählt nicht mehr.

Frank, 48 Jahre, 12 Jahre Ehe

Meine Frau vereint wohl alle extremen Formen von Borderline, vom ausgeprägten Dissoziieren über Selbstverletzung und Suizidversuchen. Sie ist seit 7 Jahren mit Unterbrechungen bei wechselnden Therapeuten in Behandlung und hat insgesamt 18 Psychiatrie- und

Klinikaufenthalte hinter sich. Wir haben zwei Kinder von 12 und 8 Jahren, die durch die Krankheit meiner Frau bereits auffälliges Verhalten zeigen.

Ich habe im Laufe der Zeit durch die unerträgliche Situation ein Alkoholproblem entwickelt, leide unter Schlafstörungen und Depressionen. Ich bleibe nur noch wegen der Kinder bei meiner Frau. Wenn ich ihr die Kinder wegnehme, wird sie sich sicher umbringen und wenn ich sie alleine bei ihr lasse, sind die Kinder verloren. Einen anderen Ausweg weiß ich nicht, weil ich meine Kinder nicht im Stich lassen kann und nicht schuld an ihrem Tod sein will. Wenn meine Frau einen ihrer Anfälle bekommt, sie zum Beispiel in der Küche ihren Kopf bis fast zur Besinnungslosigkeit auf den Boden schlägt, um sie herum bereits alles blutverschmiert ist, nehme ich die Kinder und gehe mit ihnen Fahrradfahren.

Ich mache mir dann hinterher Vorwürfe, weil ich gefühllos war und sie einfach da liegen gelassen habe in ihrem Blut, aber ich kann nichts mehr fühlen, ich ertrage alles nur noch. Ich lebe von einem Tag auf den anderen und bin dankbar, wenn nichts geschehen ist, ich sie zum Beispiel nicht im Alkoholexzess halbnackt aus dem Garten von unserem Nachbarn holen muss, wenn sie dort rumbrüllt, oder keinen Notarzt rufen muss. Ich habe mit dem Leben abgeschlossen, vielleicht wird es besser, wenn die Kinder erwachsen sind, dann kann ich mich vielleicht lösen, wenn ich dann selbst noch lebe.

Literaturempfehlungen

„Ich hasse dich – verlass mich nicht“
Die schwarzweiße Borderline-Persönlichkeit
Jerold J. Kreisman, Hal Straus
Kösel

„Leben mit einer Borderline Störung“
Ein Ratgeber für Betroffene und ihre Partner
G. Niklewski, R. Niklewski
TRIAS

„Schluss mit dem Eiertanz“
Ein Ratgeber für Angehörige von Menschen mit Borderline
T. Mason, Randi Kreger

„Weg aus dem Chaos“
Das Hans-mein-Igel-Syndrom oder die Borderline-Störung verstehen
Heinz-Peter Röhr

„Wenn Hass und Liebe sich umarmen“
Das Borderlinesyndrom
Joachim Gneist

„Borderline-Störung“
Martin Bohus,
Hogrefe

„Tanz der Verwundeten Seelen. Eine kosmische Betrachtung von Co-Abhängigkeit und des menschlichen Dilemmas“
Robert Burney,
Edition Esoterick

„Verstrickt in die Probleme anderer“
Über Entstehung und Auswirkung von Co-Abhängigkeit
Pia Mellody,
Kösel

Ich danke allen für Ihren Beitrag zum Entstehen dieses Buches, insbesondere den Menschen, die offen und mutig über ihre Geschichte sprachen und auch Tino für die Beratung, Herrn Zötl für das Korrekturlesen, Patzi für die Hinweise und Kramsi für die Unterstützung.

Weiterhin möchte ich allen danken, die mich dabei unterstützten, die Türen in mein neues Leben zu öffnen.

Auch möchte ich meinen Mann anerkennen
für die schönen Zeiten die wir hatten
und alle Menschen mit der Borderline Persönlichkeitsstörung,
die den Mut und die Kraft aufbringen,
an ihrer Krankheit zu arbeiten.

Alles wird am Ende gut.
Und wenn es noch nicht gut ist,
ist es noch nicht zu Ende